普通高等教育"十二五"规划教材

企业会计实训教程

（第二版）

主　编｜赵　捷　陈敬慧
副主编｜王春莲　马维成

中国轻工业出版社

图书在版编目（CIP）数据

企业会计实训教程/赵捷，陈敬慧主编. —2 版 . —北京：中国轻工业出版社，2019.12
普通高等教育“十二五”规划教材
ISBN 978-7-5184-0369-1

Ⅰ. ①企… Ⅱ. ①赵… ②陈… Ⅲ. ①企业管理—会计—高等学校—教材 Ⅳ. ①F275. 2

中国版本图书馆 CIP 数据核字（2015）第 148234 号

策划编辑：张文佳　　责任终审：劳国强　　封面设计：锋尚设计
责任编辑：张文佳　　版式设计：王超男　　责任监印：张　可

出版发行：中国轻工业出版社（北京东长安街 6 号，邮编：100740）
印　　刷：河北鑫兆源印刷有限公司
经　　销：各地新华书店
版　　次：2019 年 12 月第 2 版第 3 次印刷
开　　本：787 × 1092　　1/16　　印张：22
字　　数：580 千字
书　　号：ISBN 978-7-5184-0369-1　定价：53. 00 元
邮购电话：010 - 65241695
发行电话：010 - 85119835　传真：85113293
网　　址：http://www. chlip. com. cn
Email：club@ chlip. com. cn
如发现图书残缺请与我社邮购联系调换
191345J1C203ZBW

前言(第二版)

PREFACE

本教程根据财政部最新《企业会计准则》和相关会计制度及税收制度规定，以企业实际发生的经济业务为依据，以实际操作中会计核算典型工作任务为主线，科学合理地设计了一家工业企业一个月当中的120笔经济业务，覆盖筹资、投资、采购、销售、固定资产、无形资产、期间费用等业务，业务涉及工业企业中的出纳、资金核算、材料核算、往来核算、销售核算、成本核算、职工薪酬核算、总账报表等岗位经常发生的典型业务。操作内容包括编制和审核原始凭证、填制记账凭证、登记账簿、编制科目汇总表、编制会计报表等。本教程是财会类专业的综合实训教材，知识点涵盖基础会计、财务会计、成本会计、经济法、税法等课程中的重点内容，满足财经类专业会计实践教学需要。

本教程的主要特点体现在以下几个方面。

1. 专门讲解技能操作

会计实训教程不能只是单纯的会计实训题的汇编，而是有讲有练，注重提高学生的实际动手能力。

2. 采用红黑两色印刷

本教程将会计上有特殊含义的红字及红线采用红黑两色套印，并附有说明。使学生掌握规范方法，降低操作难度。

3. 会计分录分类列示

本教程采用分类列示举例分类的方法，而不是直接给出答案。采用的是独创的最简分录的格式。

4. 原始凭证分类索引

本教程将几百张原始凭证按类别编制索引，种类相同的原始凭证，重点掌握其中的一张，使得填制和审核原始凭证更有条理、突出重点和更有效率。

5. 注重理论实践结合

本教程以会计实务为基础，以最新会计准则为规范，加强实训操作指导。

本教程主编为赵捷、陈敬慧，副主编为王春莲、马维成，参加编写人员还有王海龙、赵亚珊，方佳敏、丛蔚。

本教程可供本专科及高职院校财经类专业会计实践教学使用，也可作为会计人员自学及继续教育的教材。

由于作者水平有限，不足之处敬请批评指正。

编　者

2015年5月10日

目 录
CONTENTS

第一部分　实训操作答疑索引

实训操作中的许多疑问都可以根据此索引得到解决。模拟训练前先要熟悉索引,模拟训练中要经常使用索引。

第二部分　实训操作技能指导

一、簿记基础

学习会计不可不知簿记的概念。所谓簿记就是指会计实务中关于填制凭证、登记账簿、编制报表等技术的总称。簿记是会计的基础,是会计必须熟练掌握的操作技能。

(一)数字书写

1. 阿拉伯数字

标准字体:1 2 3 4 5 6 7 8 9 0

书写要点:

(1)斜率一致。　　(2)字高相同。

(3)压住底线。　　(4)字高约占格高的1/2或2/3。

(5)6上出头,7和9下出头。　　(6)不许连写。

2. 汉字大写数字

正楷字体:壹 贰 叁 肆 伍 陆 柒 捌 玖 拾 佰 仟 万

书写要点:

(1)只能写正楷、行书字体。

(2)票据大写日期的写法:

1~9,　前加"零"。　　例:零壹月零捌日　(1月8日)

10~19,前加"壹"。　　例:壹拾贰月壹拾捌日(12月18日)

(二)金额书写

(1)小写金额:¥18.00　(✓)　　¥18.00元　(×)

(2)大写金额:人民币:壹拾捌元整(✓)　　人民币:拾捌元整(×)

(三)填制原始凭证举例

由于经济业务的不同,原始凭证的种类繁多,格式千差万别。其中的"银行支票"和"增值税专用发票"是两种经常使用的原始凭证,我们必须熟练掌握其基本格式、填写方法和使用规定。

学生可在教师的指导下,练习填制支票和增值税专用发票。

中国工商银行**现金支票**存根

Ⅶ 8932576

科　　目________

对方科目________

出票日期　　年　　月　　日

收款人：
金　额：
用　途：

单位主管　　会计

复核　　记账

中国工商银行**现金支票**

Ⅶ 8932576

出票日期(大写)贰零　　年　　月　　日　付款行名称：

收款人：　　出票人账号：

人民币（大写）	千	百	十	万	千	百	十	元	角	分

本支票付款期限十天

用途________

上列款项请从我账户内支出

出票人签章

科目(借)________

对方科目(贷)________

付讫日期　　年　　月　　日

出纳　　复核　　记账

填写密码

贴对号单处　　Ⅶ 8932576

中国工商银行**现金支票**存根

Ⅶ 8932576

科　　目______________

对方科目______________

出票日期　　年　　月　　日

收款人：	
金　额：	
用　途：	

单位主管　　　会计

复核　　　　　记账

中国工商银行**现金支票**

Ⅶ 8932576

出票日期（大写）贰零　　年　　月　　日　付款行名称：

收款人：　　　　　　　　　　　　　　　出票人账号：

人民币（大写）	千	百	十	万	千	百	十	元	角	分

本支票付款期限十天

用途______________

上列款项请从我账户内支出

出票人签章

科目（借）______________

对方科目（贷）______________

付讫日期　　年　　月　　日

出纳　　　　复核　　　　记账

填写密码

贴对号单处

Ⅶ 8932576

普阳市增值税专用发票

NO. 2598418

发　票　联　　　　开票日期：　年　月　日

购货单位	名称： 纳税人识别号： 地址、电话： 开户行及账号：	密码区	12654856 >2258 加密版本:01 /35125 * 1222 +122　0369843 42584 +446242 * 84　454176 /65589 + #23658 * 455　453256

货物或应税劳务名称	规格型号	单　位	数　量	单　价	金　额	税　率	税　额
合　计							

价税合计（大写）	（小写）

销货单位	名称： 纳税人识别号： 地址、电话： 开户行及账号：	备注	

收款人　　　　复核　　　　开票人

第四联：发票联

普阳市增值税专用发票

NO. 2598418

发　票　联　　　　开票日期：　年　月　日

购货单位	名称： 纳税人识别号： 地址、电话： 开户行及账号：	密码区	12654856 >2258 加密版本:01 /35125 * 1222 +122　0369843 42584 +446242 * 84　454176 /65589 + #23658 * 455　453256

货物或应税劳务名称	规格型号	单　位	数　量	单　价	金　额	税　率	税　额
合　计							

价税合计（大写）	（小写）

销货单位	名称： 纳税人识别号： 地址、电话： 开户行及账号：	备注	

收款人　　　　复核　　　　开票人

第四联：发票联

普阳市增值税专用发票

NO. 2598418

发　票　联　　　　开票日期：　年　月　日

购货单位	名称： 纳税人识别号： 地址、电话： 开户行及账号：	密码区	12654856 > 2258 加密版本:01 /35125 * 1222 + 122　0369843 42584 + 446242 * 84　454176 /65589 + #23658 * 455　453256

货物或应税劳务名称	规格型号	单　位	数　量	单　价	金　额	税　率	税　额
合　计							

价税合计（大写）	（小写）

销货单位	名称： 纳税人识别号： 地址、电话： 开户行及账号：	备注	

收款人　　　复核　　　开票人

第四联：发票联

普阳市增值税专用发票

NO. 2598418

发　票　联　　　　开票日期：　年　月　日

购货单位	名称： 纳税人识别号： 地址、电话： 开户行及账号：	密码区	12654856 > 2258 加密版本:01 /35125 * 1222 + 122　0369843 42584 + 446242 * 84　454176 /65589 + #23658 * 455　453256

货物或应税劳务名称	规格型号	单　位	数　量	单　价	金　额	税　率	税　额
合　计							

价税合计（大写）	（小写）

销货单位	名称： 纳税人识别号： 地址、电话： 开户行及账号：	备注	

收款人　　　复核　　　开票人

第四联：发票联

普阳市商业零售发票

发　票　联

客户名称：　　　　　　　　　　　年　　月　　日

货　号	品　名	规格	单位	数量	单价	金　　额						
						万	千	百	十	元	角	分
合计金额（大写）	人民币											
开票单位	（盖章有效）	备注										

开票人（章）　　　　　　　　　　收款人（章）

第二联：发票联

普阳市商业零售发票

发　票　联

客户名称：　　　　　　　　　　　年　　月　　日

货　号	品　名	规格	单位	数量	单价	金　　额						
						万	千	百	十	元	角	分
合计金额（大写）	人民币											
开票单位	（盖章有效）	备注										

开票人（章）　　　　　　　　　　收款人（章）

第二联：发票联

收款收据（第二联）

收款日期　　年　　月　　日

<table>
<tr><td>交款单位</td><td colspan="2"></td><td colspan="2">支付方式</td><td colspan="4"></td></tr>
<tr><td rowspan="2">人民币
（大写）</td><td colspan="4" rowspan="2"></td><td colspan="4">百 | 十 | 万 | 千 | 百 | 十 | 元 | 角 | 分</td></tr>
<tr><td colspan="4"></td></tr>
<tr><td rowspan="2">收款事由</td><td colspan="3" rowspan="2"></td><td rowspan="2">经办</td><td>部门</td><td colspan="3"></td></tr>
<tr><td>人员</td><td colspan="3"></td></tr>
<tr><td colspan="2">上记款项照数收讫无误。
（收款单位财会专用章）</td><td>会计主管人员</td><td></td><td>稽核员</td><td></td><td>出纳员</td><td></td><td>交款人</td></tr>
</table>

第二联：交会计

收款收据（第二联）

收款日期　　年　月　日

<table>
<tr><td>交款单位</td><td colspan="2"></td><td colspan="2">支付方式</td><td colspan="4"></td></tr>
<tr><td rowspan="2">人民币
（大写）</td><td colspan="4" rowspan="2"></td><td colspan="4">百 | 十 | 万 | 千 | 百 | 十 | 元 | 角 | 分</td></tr>
<tr><td colspan="4"></td></tr>
<tr><td rowspan="2">收款事由</td><td colspan="3" rowspan="2"></td><td rowspan="2">经办</td><td>部门</td><td colspan="3"></td></tr>
<tr><td>人员</td><td colspan="3"></td></tr>
<tr><td colspan="2">上记款项照数收讫无误。
（收款单位财会专用章）</td><td>会计主管人员</td><td></td><td>稽核员</td><td></td><td>出纳员</td><td></td><td>交款人</td></tr>
</table>

第二联：交会计

出差（调遣）旅费报销单

部、室名称：　　　　　　　　年　　月　　日　　　　　　　　附单据　张

<table>
<tr><td colspan="2">姓　名</td><td colspan="2"></td><td>出差人数</td><td></td><td colspan="2">出差目的地</td><td></td><td>出差事由</td><td></td><td>日期</td><td></td></tr>
<tr><td colspan="2">起　讫</td><td rowspan="2">出发地</td><td rowspan="2">到达地</td><td colspan="4">交　通　费</td><td>其他</td><td colspan="3">住勤补助</td><td rowspan="2">合 计</td></tr>
<tr><td>月日</td><td>月日</td><td>火车</td><td>汽车</td><td>飞机</td><td>市内交通费</td><td>宿费</td><td>天数</td><td>标准</td><td>金额</td></tr>
<tr><td></td><td></td><td></td><td></td><td></td><td></td><td></td><td></td><td></td><td></td><td></td><td></td><td></td></tr>
<tr><td></td><td></td><td></td><td></td><td></td><td></td><td></td><td></td><td></td><td></td><td></td><td></td><td></td></tr>
<tr><td></td><td></td><td></td><td></td><td></td><td></td><td></td><td></td><td></td><td></td><td></td><td></td><td></td></tr>
<tr><td colspan="13">合　计：</td></tr>
<tr><td colspan="7">人民币（大写）</td><td>预借</td><td></td><td>交结余</td><td></td><td>补付款</td><td></td></tr>
</table>

出差（调遣）旅费报销单

部、室名称：　　　　　　　　年　　月　　日　　　　　　　　附单据　张

<table>
<tr><td colspan="2">姓　名</td><td colspan="2"></td><td>出差人数</td><td></td><td colspan="2">出差目的地</td><td></td><td>出差事由</td><td></td><td>日期</td><td></td></tr>
<tr><td colspan="2">起　讫</td><td rowspan="2">出发地</td><td rowspan="2">到达地</td><td colspan="4">交　通　费</td><td>其他</td><td colspan="3">住勤补助</td><td rowspan="2">合 计</td></tr>
<tr><td>月日</td><td>月日</td><td>火车</td><td>汽车</td><td>飞机</td><td>市内交通费</td><td>宿费</td><td>天数</td><td>标准</td><td>金额</td></tr>
<tr><td></td><td></td><td></td><td></td><td></td><td></td><td></td><td></td><td></td><td></td><td></td><td></td><td></td></tr>
<tr><td></td><td></td><td></td><td></td><td></td><td></td><td></td><td></td><td></td><td></td><td></td><td></td><td></td></tr>
<tr><td></td><td></td><td></td><td></td><td></td><td></td><td></td><td></td><td></td><td></td><td></td><td></td><td></td></tr>
<tr><td colspan="13">合　计：</td></tr>
<tr><td colspan="7">人民币（大写）</td><td>预借</td><td></td><td>交结余</td><td></td><td>补付款</td><td></td></tr>
</table>

以下所示，是本书模拟训练中所使用的原始凭证分类索引。借助该索引，我们可以方便地熟悉某种原始凭证的格式以及填制方法，并对其进行审核练习。审核的要点有：(1)凭证名称及联次；(2)由谁填制，由谁作为记账依据；(3)该凭证证明了任何经济业务的发生或完成等。

1. 现金凭证

现金交款单（回单联）

现金盘点报告单

2. 银行存款结算凭证

现金支票（存根）

转账支票（存根）

银行汇票（多余款收账通知联）

商业承兑汇票（存根）

信汇凭证（回单联）

信汇凭证（收账通知或收取款收据联）

电汇凭证（回单联）

托收承付凭证（回单联）

托收承付凭证（收账通知联）

委托收款凭证（付款通知联）

3. 其他银行存款凭证

进账单（回单或收账通知联）

银行手续费收费凭证（借方凭证）

短期借款申请书

短期贷款借款凭证（回单联）

贷款利息凭证（付款凭证）

偿还贷款凭证（收据联）

汇票委托书（存根）

贴现凭证（收账通知联）

企业发行债券申请书

投资银行有价证券代保管单

4. 发票、收据等

普通发票（报销凭证）

增值税专用发票（记账联）

增值税专用发票（发票联）

铁路货票（丙联）

公路货运收费发票（报销凭证联）

饮食企业统一发票

技术贸易专用发票

股票过户交割凭单（通知联）

改造工程决算书

项目竣工验收单

企业进货退出及索取折让证明单（购货单位留存联）

收据（记账联）

专用收款收据（存根）

水费收据（付款凭证联）

门诊医疗费收据

住院医疗费结算收据

公出旅费报销单

5. 固定资产凭证

固定资产调拨单

固定资产交接单

固定资产转移单

固定资产联营转移单

固定资产租赁合同

固定资产清理报废单

固定资产清查报告单

6. 成本计算凭证等

收料单（验收报销联）

领料单（记账联）

收料凭证汇总表

发料凭证汇总表

工资结算汇总表

退休职工工资结算汇总表

直接工资及福利费用分配表

固定资产折旧计算表

坏账准备计算表

待摊费用摊销表

预提费用计提表

辅助生产费用分配表

制造费用分配表

车间制造成本计算单

完工产品制造成本汇总计算表

产品交库单
产品出库单
产品销售成本计算表
利润分配计算表

7. 税务凭证
增值税纳税申报表
企业所得税纳税申报表
地方各税纳税申报表
税收缴款书（完税凭证联）

（四）填制专用记账凭证

1. 对于现金和银行存款之间的划转业务，一般只填制付款凭证

（1）借：库存现金　　　　　　　　　（注：只填制银行存款付款凭证）
　　　贷：银行存款
（2）借：银行存款　　　　　　　　　（注：只填制现金付款凭证）
　　　贷：库存现金

过账时记账凭证中的借贷两方都要入账，不能漏记。

2. 对涉及收款（或付款）和转账业务是同一笔分录时，应分别填制两张记账凭证

借：管理费用
　　库存现金
　贷：其他应收款

以上分录应分别填制转账凭证和收款凭证：

（1）借：管理费用　　　　　　　　　（注：填制转账凭证）
　　　贷：其他应收款
（2）借：库存现金　　　　　　　　　（注：填制收款凭证）
　　　贷：其他应收款

3. 填制红字金额凭证的方法

付　款　凭　证　　　　总　号 182

贷方科目：库存现金　　　2014 年 8 月 24 日　　　付字第 68 号

摘　要	借方科目		账页	金额								
	一级科目	二级或明细科目		百	十	万	千	百	十	元	角	分
冲销8月20日第141号	管理费用							4	5	0	0	0
凭证多记金额												
合　计							¥	4	5	0	0	0

附件　张

会计主管　　记账　　出纳　　审核　　填制　刘玉

（五）登记账簿

根据审核无误的记账凭证登记账簿，其方法比较简单——基本上就是照抄记账凭证的过程。以下是登记账簿的要点。

1. 日期栏

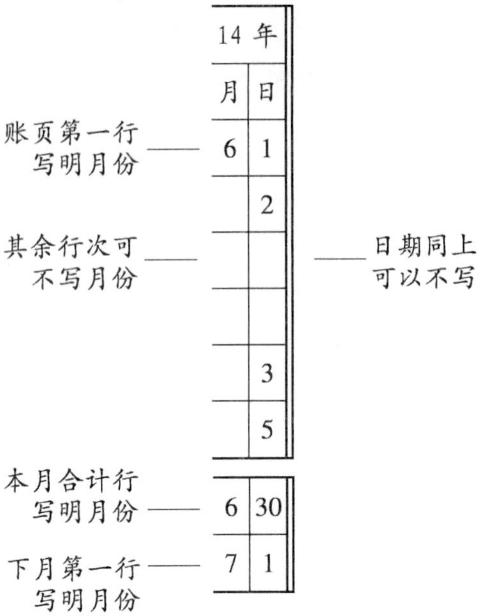

2. 凭证号栏

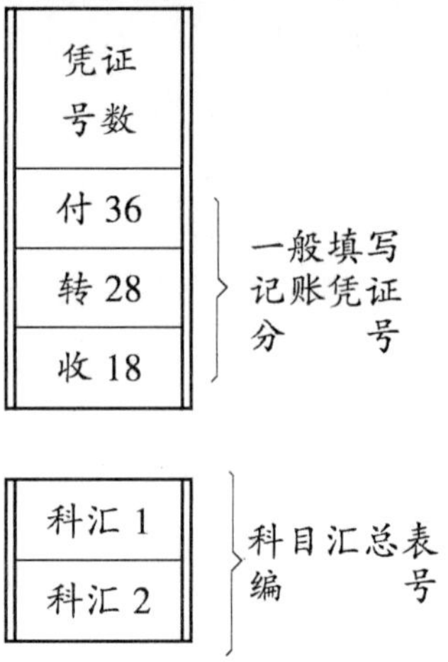

3. 摘要栏

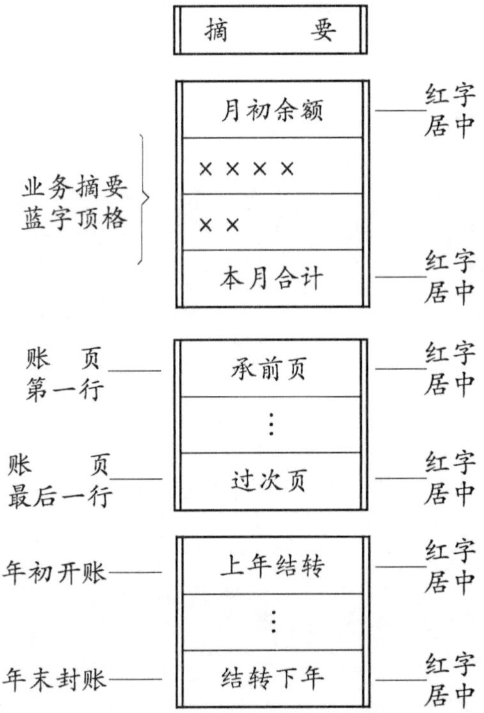

4. 余额栏

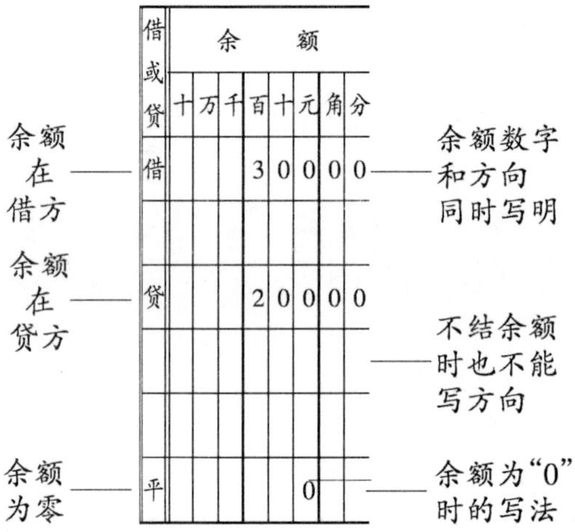

5. 期末结账

结账是在本期发生的经济业务全部入账的基础上，计算各账户本期发生额和余额，结束本期账簿记录的方法。期末结账采用划通栏红线的方法，划结账红线的目的是为了在账页中划清各期记录的界线，并突出有关金额。

14年		凭证号	摘要	借方								贷方								借或贷	余额								
月	日			十	万	千	百	十	元	角	分	十	万	千	百	十	元	角	分		十	万	千	百	十	元	角	分	
6	1		月初余额																	借				3	0	0	0	0	
	8	收2	××××			1	0	0	0	0	0																		
	10	付4	××												5	0	0	0	0										
	22	转3	×××				2	0	0	0	0																		
	28	付9	×××××												3	0	0	0	0	借				7	0	0	0	0	←本期记录到此结束
6	30		本月合计			1	2	0	0	0	0				8	0	0	0	0	借				7	0	0	0	0	←本期发生额及余额
12	31		本年合计																	借				9	0	0	0	0	←用双红线年末封账
12	31		结转下年																	借				9	0	0	0	0	

6. 划线更正及注销

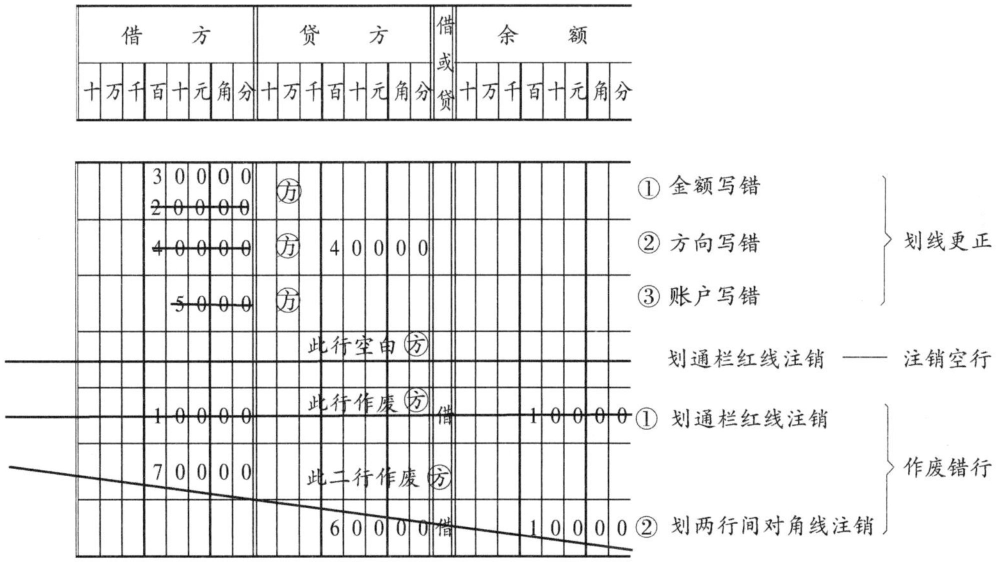

7. 红蓝字登记法

登记账簿，应严格按照记账凭证的账户名称、借贷方向和增减金额等照抄在账页中。但是，个别明细账可以将平时不做登记的借方或贷方栏目删去，以达到简化账页的目的。比如，“生产成本明细账”账页中的贷方栏目，一般只在月末才登记一笔金额，设计账页时，则可以删去贷方栏目。期末结转完工产品成本的过账方法如下：

借：库存商品——A 车床　　　　　　　1 200 000

　　　　　　——B 车床　　　　　　　1 120 000

　贷：生产成本——A 车床　　　　　　　1 200 000

　　　　　　　——B 车床　　　　　　　1 120 000

分录要求将蓝字金额 1 200 000 元登记在 HB 车床生产成本明细账的贷方栏，但由于该账页不设贷方栏，所以只能用红字金额登记在借方栏，表明仍是对借方余额的抵减数额，其结果与用蓝字记贷方是相同的，余额为 57 216 元。

生产成本明细账

车间：基本生产车间　　　　　产品名称：A 车床

14 年		凭证号数	摘　要	借　方			余　额
月	日			直接材料	直接人工	制造费用	
12	31	转 4	分配材料费用	735 000.00			
	31	转 5	分配工资费用		428 324.00		
	31	转 9	分配制造费用			93 892.20	
	31	转 10	结转完工产品成本	710 000.00	400 000.00	90 000.00	
12	31		月末在产品成本	25 000.00	28 324.00	3 892.20	57 216.20

辅助生产成本明细账和制造费用明细账表的账页，也可以只开设“借方”栏和“余额”栏两个栏目，并采用红蓝字登记法登记。

8. 摘要的方法

摘要就是用文字或数字对经济业务的内容进行简要说明，摘要是填制凭证、登记账簿和编制有关表格的一项重要内容，写好摘要是会计人员必须掌握的一项记账基本功。

书写摘要时，要从便于工作的角度考虑，使看账、用账、查账的人员能够清晰地确认有关经济业务的性质及具体内容。记账的目的是为了用账，如果摘要不清，每次用账都要去翻阅原始凭证才能了解某项经济业务的内容，不但费时费力，还容易造成错账。

尽管财会人员和在校学生都清楚地知道，摘要是编制凭证、登记账簿等经常性会计业务中所必不可少的一项内容，然而，无论是社会会计培训还是学校会计教学，却很少谈及怎样写好摘要，这种状况应该改变。

在会计实务中，摘要应用较多的是记账凭证的摘要、会计账簿的摘要，以及某些表格上的摘要。摘要栏在会计凭证和账簿中都有比较统一的格式和相对固定的位置，方便使用和查找。

（1）记账凭证的摘要。

记账凭证的主要内容是会计分录，一笔分录一般只能指明相互联系的几个账户的登记方向以及金额共计三项要素，至于其具体的经济内容还需借助“摘要”才能说明清楚。记账凭证的摘要主要是要指明：①经济业务的对象——哪个单位或人员；②经济业务发生的主要内容——何种业务；以及③有关重要凭证的号码等，其他内容可以适当省略。应当指出，以上三项内容并非每笔业务都必须书写齐全，而应根据实际业务需要择其一二即可。

(2)会计账簿的摘要。

账簿的记录是根据记账凭证登记的,所以,账簿摘要应与记账凭证摘要的内容保持一致,但又不能不加区别地完全照抄记账凭证的摘要。因为:①记账凭证摘要说明的是某笔具体分录中的一组相互联系但方向相反的账户,而账簿摘要说明某个具体账户的一笔业务;②记账凭证和会计账簿开设的专栏不同,如果专栏已经列明的内容就没有必要在摘要中重复。

由于平行登记原理要求会计人员对同一笔经济业务既要填制记账凭证,又要分别在若干个总账及其所属的明细账中进行平行登记,必然会造成会计摘要的重复书写,而会计工作又要求会计人员在保证真实准确的前提下力求简化,所以,我们应当尽可能地使记账凭证、总账和明细账的摘要表述方式各有侧重,并避免简单而又烦琐的转抄。

账簿的摘要应有针对性地选择记账凭证的"摘要"及所附的原始凭证的内容,并结合具体账页的栏目特点,采用十分简洁的文字加以注明。

(3)表格的摘要。

广义的摘要还应包括在会计科目或数字金额旁边所作的文字说明,如"成本计算单"的摘要、"财务指标快报"的简要文字说明等。这些表格上的摘要要使用简明扼要的文字,有针对性地表明数据资料的来龙去脉或增减变化的情况。

(六)编制资产负债表

资产负债表是一张静态报表,"期末数"一栏的数字应根据有关总账和明细账的期末余额填列。填列方法如下:

1. 直接填列

当报表项目和会计科目的内容完全一致时,应直接填列。资产负债表的大部分报表项目都可以采用直接填列的方法填列。例如:应收利息、短期借款、应付票据、资本公积、盈余公积等。

资产负债表的编制依据主要是总账的期末余额。但资产负债表并不是总账的期末余额表,因为有些总账的期末余额由于各种原因已经不能确切地表明其所对应的报表项目的实际内容,所以需要采用分析计算的方法填列。分析计算填列的方法有:合并填列、扣除填列、借贷填列、负数填列和净额填列。

2. 合并填列

"货币资金"项目=库存现金+银行存款+其他货币资金

"存货"项目=物资采购+原材料+低值易耗品+自制半成品+库存商品+包装物
+分期收款发出商品+委托加工物资+生产成本±材料成本差异
-存货跌价准备

3. 扣除填列

"长期借款"项目=长期借款-1年内(含1年)到期的借款

"应付债券"项目=应付债券-1年内(含1年)到期的债券

"长期应付款"项目=长期应付款-未确认融资费用-1年内(含1年)到期的应付款

"专项应付款"项目=专项应付款-1年内(含1年)到期的应付款。

以上各报表项目如果没有1年内(含1年)到期的部分,则应直接填列。

4. 借贷填列

以下三组总账账户，除待摊费用外，其余五个账户都是具有双重性质的账户。同组的两个账户互为相反账户，其核算内容相互关联，根据需要还可以合并为一个账户。

	资产类	负债类	合并后的账户名称
第一组	应收账款	预收账款	应收账款
第二组	预付账款	应付账款	应付账款
第三组	待摊费用	预提费用	待摊和预提费用

在会计期末，应根据双重性质账户的余额方向来判断该账户的实际性质，余额在借方属于资产类，余额在贷方属于负债类。

在填列报表项目时，应根据同组两个总账所属的所有明细账户期末借方或贷方余额合计分别填列，简称借贷填列。例如：

总分类账	明细分类账			
	借方期末余额		贷方期末余额	
应收账款 借方 400	应收账款 - A 借方 400	应收账款 - B 借方 300	应收账款 - C 贷方 200	应收账款 - D 贷方 100
预收账款 贷方 600	预收账款 - 甲 借方 500	预收账款 - 乙 借方 600	预收账款 - 丙 贷方 800	预收账款 - 丁 贷方 900
	"应收账款"项目 = 1 800		"预收账款"项目 = 2 000	

下面是借贷填列的具体方法。

"应收账款"项目 = $\begin{array}{c}\text{应收账款}\\\text{预收账款}\end{array}$所属各明细账户的期末借方余额合计 - 相关坏账准备

"预付账款"项目 = $\begin{array}{c}\text{预付账款}\\\text{应付账款}\end{array}$所属各明细账户的期末借方余额合计

"待摊费用"项目 = $\begin{array}{c}\text{待摊费用}\\\text{预提费用}\end{array}$所属各明细账户的期末借方余额合计

+ 长期待摊费用中 1 年内到期的部分

"预收账款"项目 = $\begin{array}{c}\text{预收账款}\\\text{应收账款}\end{array}$所属各明细账户的期末贷方余额合计

"应付账款"项目 = $\begin{array}{c}\text{应付账款}\\\text{预付账款}\end{array}$所属各明细账户的期末贷方余额合计

"预提费用"项目 = 预提费用所属各明细账户的期末贷方余额合计

以上各报表项目如果没有相关的反向余额，则应直接填列。

5. 负数填列

当某个总账账户在期末出现了反向余额，但该账户没有性质相反的账户，则采用负数填列。用负数填列的报表项目表明，其实际内容与报表项目的规定内容截然相反。需要负数填列的报表项目有：

固定资产清理　　（贷方余额时，为尚未清理完毕的收入大于支出的差额）

应付职工薪酬　　（借方余额时，为多付的工资）

应交税费　　（借方余额时，为多交的税金）

未分配利润　　（未弥补亏损时）

以上各报表项目如果没有出现反向余额，则应直接填列。

6. 净额填列

净额填列就是根据几个账户余额相减后的差额填列，净额填列主要是抵减资产减值准备。其公式如下：

净额填列的报表项目 = 被调整账户余额 − 备抵数额

“应收账款”项目 = $\begin{matrix}\text{应收账款}\\ \text{预收账款}\end{matrix}$所属各明细账户的期末借方余额合计 − 相关坏账准备

“其他应收款”项目 = 其他应收款 − 相关坏账准备

“存货”项目 = 物资采购 + 原材料 + 低值易耗品 + 自制半成品 + 库存商品 + 包装物 + 分期收款发出商品 + 委托加工物资 + 生产成本 ± 材料成本差异 − 存货跌价准备

“长期股权投资”项目 = 长期股权投资 − 相关长期投资减值准备

“长期债权投资”项目 = 长期债权投资 − 相关长期投资减值准备

“固定资产”项目 = 固定资产原值 − 累计折旧 − 固定资产减值准备

“在建工程”项目 = 在建工程 − 在建工程减值准备

“无形资产”项目 = 无形资产 − 累计摊销 − 无形资产减值准备

“实收资本（或股本）净额”项目 = 实收资本（或股本）− 已归还投资

以上报表项目如果没有抵减数额，一般可直接填列。

7. 合计总计填列

报表项目中的合计、总计应根据报表项目之间的关系计算填列，但需要注意的是“固定资产合计”项目 = 固定资产 + 工程物资 + 在建工程 + 固定资产清理。

二、实训操作分录例示

（一）库存现金

1. 一般业务

○从银行提取现金

〈库存现金〉
〈银行存款〉

2. 现金清查

①发现现金短缺

待处理财产损溢——待处理流动资产损溢
库存现金

②处理现金短缺

其他应收款——应收现金短缺款 （索赔）
管理费用——现金短缺 （核销）
待处理财产损溢——待处理流动资产损溢

（二）银行存款

○收到银行存款利息

〈银行存款〉
〈财务费用〉

（三）其他货币资金

1. 外埠存款、银行汇票、银行本票、信用卡、信用证存款

①存入款项

其他货币资金——外埠存款
——银行汇票
——银行本票
——信用卡
——信用证保证金
银行存款

②采购物资

材料采购
应交税费——应交增值税（进项税额）
其他货币资金——□□

③收回余款

银行存款
其他货币资金——□□

2. 存出投资款

①向证券分司划出资金

其他货币资金——存出投资款
银行存款

②购买股票、债券

交易性金融资产——成本
其他货币资金——存出投资款

（四）交易性金融资产期末计量

①购入股票、债券、基金 （同上）

②期末计价 （发生跌价或价值恢复）

〈交易性金融资产——公允价值变动〉
〈公允价值变动损益〉

③处置

其他货币资金——存出投资款
交易性金融资产——成本}（注销账面价值）
〈投资收益〉
交易性金融资产——公允价值变动

该分录可读作：借“其他货币资金”、“短期投资跌价准备”，贷“短期投资”，借或贷“投资收益”。下同。

（五）应收票据 （不带息票据）

①销售产品收到汇票

应收票据
主营业务收入
应交税费——应交增值税（销项税额）

②票据到期收回票款

银行存款
应收票据

③应收票据贴现

银行存款 （实收金额）
财务费用 （贴现利息）
应收票据 （贴现金额）

（六）应收账款 （以托收承付销售为例）

①代购货方垫付的发货运杂费

应收账款 （垫付运费）
银行存款

②委托银行收款

应收账款
主营业务收入
应交税费——应交增值税(销项税额)
应收账款 (代垫运费)

③收回欠款

银行存款
应收账款

④月末,结转已销产品成本

主营业务成本
库存商品

(七)其他应收款

①职工预借差旅费

其他应收款
银行存款

②职工报销差旅费

(补付现金或退回余款)

管理费用
其他应收款
〈库存现金〉

(八)坏账准备

①期末,调整“坏账准备”账户余额

(调增或调减)

〈资产减值损失〉
〈坏账准备〉

②确认坏账损失

坏账准备
应收账款

(九)预付账款

①预付货款

预付账款
银行存款

②用预付款采购物资

材料采购
应交税费——应交增值税(进项税额)
预付账款

③结清余款 (补付货款或退回余款)

〈预付账款〉
〈银行存款〉

(十)材料采购 材料成本差异 原材料

(按计划成本计价的材料采购收发)

①采购材料

材料采购 (实际成本)
应交税费——应交增值税(进项税额)
银行存款

②验收入库

原材料 (计划成本)
材料采购 (计划成本)

③结转收料差异 (结转节约额或超支额)

〈材料采购〉
〈材料成本差异〉

④发出材料

生产成本 (计划成本)
制造费用 (计划成本)
管理费用 (计划成本)
原材料 (计划成本)

⑤调整发料差异

生产成本 (红蓝金额)
制造费用 (红蓝金额)
管理费用 (红蓝金额)
材料成本差异 (红蓝金额)

(十一)包装物 低值易耗品

(比照材料采购收发核算)

(十二)库存商品

1. 产品完工入库

库存商品
生产成本

2. 产成品销售

(1)同城销售 (反之,销货退回)

①取得销售收入

〈银行存款〉
〈主营业务收入〉
〈应交税费——应交增值税(销项税额)〉

②月末，结转已销产品成本

〈主营业务成本〉
〈库存商品〉

(2)异地销售（参见应收账款）

(十三)存货跌价准备

○期末计价

（发生跌价或价值恢复）

〈资产减值损失〉
〈存货跌价准备〉

(十四)待摊费用

①支付下年度报刊杂志费

待摊费用——报刊杂志费
银行存款

②受益期内分月摊销

管理费用
待摊费用——报刊杂志费

(十五)固产资产　累计折旧

固定资产减值准备

1. 外购的固定资产

(1)购入不需要安装的固定资产

固定资产
应交税费——应交增值税(进项税额)
银行存款

(2)购入需要安装的固定资产

①购入设备，投入安装工程

在建工程——安装工程
应交税费——应交增值税(进项税额)
银行存款

②工程完工，交付使用

固定资产——生产用固定资产
在建工程——安装工程

2. 本企业产品转为固定资产

固定资产——生产用固定资产
库存商品
应交税费——应交增值税(销项税额)

3. 接受捐赠的固定资产

固定资产——生产用固定资产
营业外收入

4. 投资者投入的固定资产

固定资产——生产用固定资产
实收资本
资本公积——资本溢价

5. 按月计提折旧

生产成本——辅助生产成本
制造费用
管理费用
累计折旧

6. 固定资产盘亏

①发现固定资产盘亏

待处理财产损溢——待处理固定资产损溢
固定资产减值准备
累计折旧
固定资产——生产用固定资产

②处理固定资产盘亏

营业外支出——固定资产盘亏
待处理财产损溢——待处理固定资产损溢

7. 固定资产日常修理

管理费用
原材料
银行存款

8. 出租固定资产

固定资产——出租固定资产
固定资产——不需用固定资产

(十六)固定资产清理

①将固定资产账面价值转入清理

固定资产清理
固定资产减值准备
累计折旧
固定资产
（注销账面价值）

②清理过程中的相关税费

固定资产清理
银行存款
应交税费——应交营业税

③收到出售固定资产的价款及残料入库

银行存款

原材料

固定资产清理

④结转清理净损益（结转净收益或净损失）

〈固定资产清理〉

〈营业外□□——处置固定资产净□□〉

（十七）无形资产　无形资产减值准备

①购入无形资产

无形资产

银行存款

②按期摊销无形资产价值

管理费用——无形资产摊销

累计摊销

③出售无形资产

银行存款	（转让收入）
无形资产减值准备	
无形资产	（注销账面价值）
银行存款 应交税费——应交营业税	（相关税费）

〈营业外□□——出售无形资产□□〉

（十八）待处理财产损溢

1. 现金清查（参见现金）
2. 存货清查

①发现存货盘亏

待处理财产损溢——待处理流动资产损溢

存货跌价准备

原材料 · 库存商品

应交税费——应交增值税（进项税额转出）

②处理存货盘亏

其他应收款	（索　　赔）
管理费用	（正常损失）
营业外支出——非常损失	（非常损失）
待处理财产损溢——待处理流动资产损溢	

3. 固定资产清查（参见固定资产）

（十九）短期借款

①取得借款（反之，归还借款）

〈银行存款〉

〈短期借款〉

②按月计提利息

财务费用

预提费用

③按季支付利息

预提费用	（注销已提利息）
财务费用	（本月实际利息）
银行存款	（本季实际利息）

④归还借款

（二十）应付账款

①采购材料，款项未付（反之，进货退出）

〈材料采购〉

〈应交税费——应交增值税（进项税额）〉

〈应付账款〉

②归还欠款

应付账款

银行存款

（二十一）预收账款

①预收货款

银行存款

预收账款

②销售产品

预收账款

主营业务收入

应交税费——应交增值税（销项税额）

③结清余款（补收货款或退回余款）

〈银行存款〉

〈预收账款〉

（二十二）应付职工薪酬

①发放工资

应付职工薪酬	（实发金额）
管理费用	（代发交通补助费）
银行存款	

②结转代扣款

应付职工薪酬

其他应付款

③月末，分配工资费用

生产成本
制造费用
管理费用
应付职工薪酬

（二十三）应付职工薪酬

①计提福利费

生产成本
制造费用
管理费用
应付职工薪酬

②支付职工医疗费、住院费的福利支出

应付职工薪酬
银行存款

（二十四）应交税费

①计算税金及附加费

管理费用
营业税金及附加
应交税费

②交纳税金

应交税费
银行存款

（二十五）预提费用

①预先提取

制造费用（大修费）
财务费用（利息费）
预提费用

②实际支付

预提费用
银行存款

（二十六）应付债券

①发行债券

银行存款
应付债券——面值
〈应付债券——利息调整〉（溢价、折价）

②期末计息

财务费用（实际利息支出）
应付债券——应计利息（票面利息支出）
〈应付债券——利息调整〉（□价摊销）

③还本付息

应付债券——面值
应付债券——应计利息
银行存款

（二十七）其他业务收入　其他业务成本

①销售材料

银行存款
其他业务收入
应交税费——应交增值税（销项税额）

②结转已售材料成本

其他业务成本
原材料
材料成本差异

（二十八）分配辅助生产费用

生产成本——基本生产成本
制造费用
管理费用
生产成本——辅助生产成本

（二十九）分配制造费用

生产成本——基本生产成本
制造费用

（三十）产品完工入库

库存商品
生产成本——基本生产成本

（三十一）本年利润

①期末，结平收入类账户

主营业务收入
其他业务收入
投资收益
营业外收入
本年利润

②期末，结平费用类账户

本年利润
主营业务成本
营业税金及附加
营业费用
管理费用
财务费用
其他业务成本
营业外支出

（三十二）所得税

①计算应交所得税

所得税费用
应交税费——应交所得税

②结转所得税费用

本年利润
所得税费用

（三十三）利润分配

①年终，结平“本年利润”账户
（结转全年净利润或净亏损）

〈本年利润〉
〈利润分配——未分配利润〉

②提取盈余公积

利润分配
盈余公积

③计算应向投资者分配利润

利润分配
应付利润

④年终，结平除“利润分配——未分配利润”以外的其他利润分配明细账户

利润分配——未分配利润
利润分配——□□□□

第三部分　实训操作模拟训练

一、目的

通过模拟训练，使学生完成建账、填制和审核原始凭证、填制和审核记账凭证、登记总账及所属明细账、成本计算、编制会计报表等会计基本技能的实训操作，让学生系统地掌握企业日常会计核算的全部过程及基本业务，提高学生会计工作的实际动手能力。

二、要求

(一)学生自备的实习用品

(1)黑色中性笔和红色中性笔。填制记账凭证、登记账簿时使用。红色中性笔在红字冲账、划线注销或结账时使用。红色中性笔最好选用颜色鲜艳一些的，醒目美观。

(2)直尺。划线更正和月末结账时使用。

(3)计算器。

(4)胶棒、曲别针。

(二)更正错账要规范

初学记账不怕出错，就怕不按规范的方法更正错账。更正错账的方法有：①划线更正法；②红字冲销法；③补充登记法。

发生错账时，严禁使用橡皮擦、涂改液抹、透明胶带粘，更不允许撕掉账页。

(三)模拟训练程序

(1)了解曙光车床厂(实习工厂)的概况，熟悉其总账和明细账的设置方法及其余额。

(2)将实习用原始凭证按业务号的顺序排列。

1)先按原始凭证的大小分成四个部分：

①6 张一版(31 ~ 39 页)，②3 张一版(41 ~ 119 页)，③2 张一版(121 ~ 209 页)，④1 张一版(211 ~ 245 页)。

2)再将四个部分的凭证分别裁开。

3)最后，按业务号的顺序将凭证重新排列。

(3)每旬根据原始凭证编制记账凭证。

(4)每旬根据记账凭证登记出纳日记账和有关明细分类账。

(5)每旬汇总编制科目汇总表并据以登记总分类账。

(6)月末计算本月完工产品的制造成本。

(7)年终结算本年利润并进行利润分配。

(8)对账:

1)全部总账的试算平衡;

2)库存现金和银行存款总款与出纳日记账核对;

3)总账与所属明细账核对。

(9)年终封账,并将年终余额结转下年新账。

(10)编制会计报表。

三、资料

(一)企业概况

企业名称:曙光车床厂

开户银行:工商银行全安办事处

法人代表:刘亮

账　　号:67890135

经营地址:普阳市万福街88号

增值税登记号:706359228412568

经营范围:生产A、B两种车床

财务负责人:金强

电　　话:0499-8932716

出纳员:李芳

生产车间设有:三个基本生产车间——铸造车间、机加车间、装配车间

两个辅助生产车间——供汽车间、配电室

(二)核算方法

(1)曙光车床厂记账凭证采用专用记账凭证(收款凭证、付款凭证、转账凭证)或通用记账凭证。

(2)采用科目汇总表记账程序并按旬汇总。

(3)按计划成本计价进行材料采购收发业务的核算。

(4)月末编制“收料凭证汇总表”和“发料凭证汇总表”。

(5)月末,采用平行结转分步法计算本月完工产品生产成本:其中,辅助生产费用采用直接分配法分配,各车间的动力费用、制造费用按定额工时比例进行分配。

(6)采用“账结法”核算利润。

(7)费用分配率可精确到0.01。

(8)模拟训练期间为2014年12月1日至31日。

(三)账户余额

2014年11月30日曙光车床厂总分类账及有关明细账余额如下:

总分类账户	明细分类账户	借方余额	贷方余额
资产类账户			
库存现金		800	
银行存款		917 000	
其他货币资金		331 000	
	外埠存款	30 000	
	银行汇票	44 000	
	存出投资款	257 000	
交易性金融资产		84 500	
	债券投资	54 000	
	股票投资	30 500	
应收票据		79 200	
	北方机电公司	79 200	
应收账款		800 000	
	南方机电公司	520 000	
	市机床经销公司	160 000	
	大连重型机械厂	120 000	
坏账准备			4 000
预付账款		265 500	
	阳州钢铁厂	150 000	
	前江轴承厂	115 500	
其他应收款		12 900	
	行政科备用金	1 400	
	孙　　立	1 700	
	李立峰	9 800	
材料采购		110 000	
	原材料(轴承)	110 000	
原材料		1 906 982	
	原料及主要材料	470 000	
	燃　　料	17 700	
	外购半成品	1 406 800	
	辅助材料	12 482	
周转材料	低值易耗品	184 093	
	劳动保护品	2 353	
	附　　件	1 740	
	专用工具	180 000	
	包装物	1 200	
	包装箱	1 200	
材料成本差异		67 494	
	原料及主要材料	18 000	
	燃　　料	1 348	
	外购半成品	42 984	
	辅助材料		118
	低值易耗品	3 588	
	包装物	1 692	
库存商品		1 416 000	
	A 车床	960 000	
	B 车床	456 000	
生产成本		324 760	
	铸造车间	103 960	
	机加车间	95 800	
	装配车间	125 000	
待摊费用		15 000	
	报刊杂志费	3 000	

续表

总分类账户	明细分类账户	借方余额	贷方余额
	保险费	12 000	
长期股权投资	股票投资	265 000	
持有至到期投资		280 000	
	债券投资	230 000	
	应计利息	50 000	
固定资产		12 526 500	
	生产经营用固定资产	9 826 500	
	非生产经营用固定资产	2 370 000	
	不需用固定资产	330 000	
累计折旧			3 200 000
固定资产清理		12 500	
在建工程		67 000	
	出包工程	67 000	
无形资产		49 200	
	专利权	20 000	
	专有技术	15 000	
	土地使用权	14 200	
负债类账户			
短期借款			1 260 000
应付票据			148 000
应付账款			835 000
	开化轴承厂		549 000
	上海钢厂		286 000
预收账款			159 000
	沈阳机电公司		159 000
其他应付款			78 000
	存入保证金		75 000
	张　　涛		3 000
应付职工薪酬			215 000
应交税费			21 700
	应交所得税	153 000	
	应交增值税——销项税额		273 000
	应交增值税——进项税额	98 300	
应付利息			50 000
	预提银行借款利息		50 000
长期借款			1 464 800
应付债券			441 000
	面值		400 000
	应计利息		41 000
长期应付款			333 200
	应付租入固定资产租赁费		333 200
所有者权益类账户			
实收资本			9 000 000
	国家投资		8 000 000
	其他单位投资		1 000 000
资本公积			120 000
盈余公积			1 010 929
本年利润			1 250 000
利润分配	未利润分配		126 000

“生产成本”明细分类账户期初余额

单位:元

车间	成本项目 产品名称	直接材料	直接工资	其他直接支出	制造费用	合　计
铸造车间	A 车床	54 600	16 000	2 240	5 160	78 000
	B 车床	12 900	9 500	1 330	2 230	25 960
	合　计	67 500	25 500	3 570	7 390	103 960
机加车间	A 车床	43 680	11 000	1 540	6 180	62 400
	B 车床	20 040	8 500	1 190	3 670	33 400
	合　计	63 720	19 500	2 730	9 850	95 800
装配车间	A 车床	59 255	10 500	1 470	13 425	84 650
	B 车床	24 210	7 640	1 069	7 431	40 350
	合　计	83 465	18 140	2 539	20 856	125 000

“库存商品”明细分类账户期初余额

单位:元

产品名称	结存数量/台	实际单位成本	期初余额
A 车床	40	24 000	960 000
B 车床	30	15 200	456 000

“原材料”明细账户期初余额

明细账户及材料名称	计量单位	结存数量	计划单价	结存金额/元
原料及主要材料				470 000
生铁	吨	100	2 300	230 000
圆钢	吨	80	3 000	240 000
燃　料				17 700
焦炭	吨	30	470	14 100
煤	吨	20	180	3 600
外购半成品				1 432 800
电机 Y 123M	台	180	1 440	259 200
AOB－25	台	500	260	130 000
轴承 D 318	套	1 800	350	630 000
D 462	套	2 700	138	372 600
标准件	个	2 000	20.5	41 000
辅助材料				12 482
油漆	千克	1 100	10	11 000
润滑油	千克	380	3.9	1 482

“周转材料”明细账户期初余额

明细账户及名称	计量单位	结存数量	计划单价	结存金额/元
劳动保护品				2 353
工作服	套	20	35.90	718
劳保鞋	双	50	30.00	1 500
耐热手套	副	30	4.50	135
附件				1 740
勾扳手	个	50	4.80	240
法兰盘	个	100	13.50	1 350
螺　钉	盒	10	15.00	150
专用工具	把	4 000	45.00	180 000
包装箱	个	3	400.00	1 200

(四)2014 年 12 月份产品产量记录和产品定额工时资料

A 车床　**产量记录**

项　　目	铸造车间	机加车间	装配车间
月初在产品	10	15	12
本月投产	30	30	40
本月完工	30	40	50
月末在产品	10	5	2
投料 100%	10	5	2
施工 50%	5	2.5	1

B 车床　**产量记录**

项　　目	铸造车间	机加车间	装配车间
月初在产品	10	5	10
本月投产	15	20	15
本月完工	20	15	20
月末在产品	5	10	5
投料 100%	5	10	5
施工 60%	3	6	3

产品定额工时资料

成本项目 / 产品名称	铸造车间	机加车间	装配车间
A 车床	3 500	5 800	4 500
B 车床	1 500	1 200	3 000
合　计	5 000	7 000	7 500

(五)经济业务

12 月份共发生 101 笔业务:

上旬 1 ~46,共 46 笔业务;中旬 47 ~79,共 33 笔业务;下旬 80 ~101,共 22 笔业务。

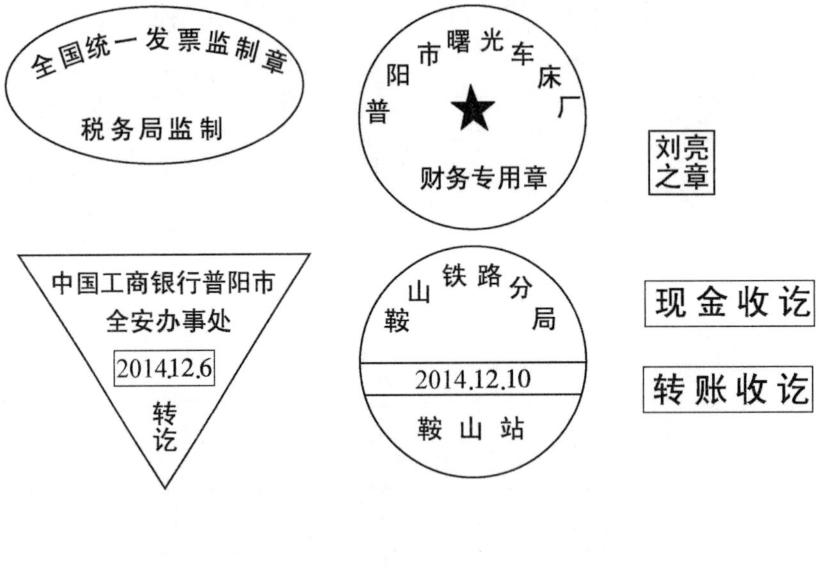

实训题 2(2/2)

中国工商银行**转账支票**存根

支票号码　No 1234567

科　目

对方科目

签发日期　2014 年　12 月　2 日

收款人:胜利律师事务所
金额:1 000.00
用途:律师费
备注:

单位主管　会计

复　核　记账

实训题 4(2/2)

中国工商银行**转账支票**存根

支票号码　No 1234568

科　目

对方科目

签发日期　2014 年　12 月　2 日

收款人:城市晚报社
金额:5 000.00
用途:订阅费
备注:

单位主管　会计

复　核　记账

实训题 5(2/2)

中国工商银行**转账支票**存根

支票号码　No 1234569

科　目

对方科目

签发日期　2014 年　12 月　2 日

收款人:普阳市人民医院
金额:7 000.00
用途:报销职工住院费
备注:

单位主管　会计

复　核　记账

实训题 6(2/2)

中国工商银行**转账支票**存根

支票号码　No 1234570

科　目

对方科目

签发日期　2014 年　12 月　2 日

收款人:重型机械厂
金额:150 000.00
用途:购买磨床
备注:

单位主管　会计

复　核　记账

实训题 15(2/2)

中国工商银行**转账支票**存根

支票号码　No 1234571

科　目

对方科目

签发日期　2014 年　12 月　2 日

收款人:中国人民保险公司
金额:60 060.00
用途:预交保险费
备注:

单位主管　会计

复　核　记账

实训题 23(2/2)

中国工商银行**转账支票**存根

支票号码　No 1234572

科　目

对方科目

签发日期　2014 年　12 月　4 日

收款人:普阳商场
金额:2 500.00
用途:采购材料
备注:

单位主管　会计

复　核　记账

实训题 27(2/2)

中国工商银行**转账支票**存根

支票号码　　No 1234573

科　　目

对方科目

签发日期　　2014 年　12 月　6 日

收款人:劳保用品商店
金额:1 953.90
用途:采购材料
备注:

单位主管　　　会计

复　　核　　　记账

实训题 29(2/2)

中国工商银行**转账支票**存根

支票号码　　No 1234574

科　　目

对方科目

签发日期　　2014 年　12 月　6 日

收款人:锦江市物资公司
金额:444.60
用途:采购材料
备注:

单位主管　　　会计

复　　核　　　记账

实训题 38(3/3)

中国工商银行**转账支票**存根

支票号码　　No 1234575

科　　目

对方科目

签发日期　　2014 年　12 月　9 日

收款人:市设备大修厂
金额:9 200.00
用途:维修费用
备注:

单位主管　　　会计

复　　核　　　记账

实训题 43(2/2)

中国工商银行**转账支票**存根

支票号码　　No 1234576

科　　目

对方科目

签发日期　　2014 年　12 月　10 日

收款人:普阳市房屋开发总公司
金额:500 000.00
用途:购买债券
备注:

单位主管　　　会计

复　　核　　　记账

实训题 44(2/2)

中国工商银行**转账支票**存根

支票号码　　No 1234577

科　　目

对方科目

签发日期　　2014 年　12 月　10 日

收款人:普阳家电公司
金额:7 078.50
用途:采购材料
备注:

单位主管　　　会计

复　　核　　　记账

实训题 46(4/4)

中国工商银行**转账支票**存根

支票号码　　No 1234578

科　　目

对方科目

签发日期　　2014 年　12 月　10 日

收款人:普阳机床公司
金额:4 500.00
用途:清理费用
备注:

单位主管　　　会计

复　　核　　　记账

实训题 49(4/4)

中国工商银行**转账支票**存根

支票号码　　No 1234579

科　　目

对方科目

签发日期　　2014 年　12 月　12 日

收款人:普阳包装厂
金额:1 500. 00
用途:包装费
备注:

单位主管　　　　会计

复　　核　　　　记账

实训题 52(3/5)

中国工商银行**转账支票**存根

支票号码　　No 1234580

科　　目

对方科目

签发日期　　2014 年　12 月　13 日

收款人:市第二货运公司
金额:2 500. 00
用途:运输费
备注:

单位主管　　　　会计

复　　核　　　　记账

实训题 53

中国工商银行**现金支票**存根

支票号码　　No 5858602

科　　目

对方科目

签发日期　　2014 年　12 月　13 日

收款人:本厂
金额:7 000. 00
用途:补充库存
备注:

单位主管　　　　会计

复　　核　　　　记账

实训题 55(2/2)

中国工商银行**转账支票**存根

支票号码　　No 1234581

科　　目

对方科目

签发日期　　　　年　　月　　日

收款人:
金额:
用途:
备注:

单位主管　　　　会计

复　　核　　　　记账

实训题 58(3/3)

中国工商银行**转账支票**存根

支票号码　　No 1234582

科　　目

对方科目

签发日期　　2014 年　12 月　15 日

收款人:绿地建设改造公司
金额:20 000. 00
用途:改造支出
备注:

单位主管　　　　会计

复　　核　　　　记账

实训题 59(2/2)

中国工商银行**转账支票**存根

支票号码　　No 1234583

科　　目

对方科目

签发日期　　2014 年　12 月　15 日

收款人:市保险公司
金额:51 900. 00
用途:保险费
备注:

单位主管　　　　会计

复　　核　　　　记账

实训题 60（2/2）

中国工商银行**转账支票**存根

支票号码　　No 1234584

科　　目

对方科目

签发日期　　2014 年　12 月　15 日

收款人：市木器厂
金额：31 122.00
用途：购买包装箱款项
备注：

单位主管　　　　会计

复　　核　　　　记账

实训题 61（2/2）

中国工商银行**转账支票**存根

支票号码　　No 1234585

科　　目

对方科目

签发日期　　2014 年　12 月　16 日

收款人：普阳车床厂
金额：15 000.00
用途：购买专利
备注：

单位主管　　　　会计

复　　核　　　　记账

实训题 65（3/3）

中国工商银行**转账支票**存根

支票号码　　No 1234586

科　　目

对方科目

签发日期　　2014 年　12 月　18 日

收款人：自来水公司
金额：21 000.00
用途：本月水费
备注：

单位主管　　　　会计

复　　核　　　　记账

实训题 69（3/3）

中国工商银行**转账支票**存根

支票号码　　No 1234587

科　　目

对方科目

签发日期　　2014 年　12 月　2 日

收款人：本厂
金额：3 000.00
用途：清理费用
备注：

单位主管　　　　会计

复　　核　　　　记账

实训题 77（3/4）

中国工商银行**转账支票**存根

支票号码　　No 1234588

科　　目

对方科目

签发日期　　2014 年　12 月　20 日

收款人：房产处
金额：4 505.00
用途：职工房款
备注：

单位主管　　　　会计

复　　核　　　　记账

实训题 77（4/4）

中国工商银行**转账支票**存根

支票号码　　No 1234589

科　　目

对方科目

签发日期　　2014 年　12 月　20 日

收款人：托儿所
金额：2 040.00
用途：托儿费
备注：

单位主管　　　　会计

复　　核　　　　记账

实训题 78(2/2)

中国工商银行**转账支票**存根

支票号码　　No 1234590

科　　目

对方科目

签发日期　　2014 年　12 月　20 日

收款人:融洽资公司	
金额:11 000.00	
用途:租赁设备款	
备注:	

单位主管　　　　会计

复　　核　　　　记账

实训题 79(2/2)

中国工商银行**转账支票**存根

支票号码　　No 1234591

科　　目

对方科目

签发日期　　2014 年　12 月　20 日

收款人:市机床经销公司	
金额:2 500.00	
用途:返还包装物押金	
备注:	

单位主管　　　　会计

复　　核　　　　记账

实训题 85(2/2)

中国工商银行**转账支票**存根

支票号码　　No 1234592

科　　目

对方科目

签发日期　　2014 年　12 月　24 日

收款人:广而告之传媒公司	
金额:7 500.00	
用途:广告费	
备注:	

单位主管　　　　会计

复　　核　　　　记账

实训题 86(2/2)

中国工商银行**转账支票**存根

支票号码　　No 1234593

科　　目

对方科目

签发日期　　2014 年　12 月　24 日

收款人:电器商店	
金额:7 605.00	
用途:购买电器	
备注:	

单位主管　　　　会计

复　　核　　　　记账

实训题 50(1/2)

中国工商银行**转账支票**存根

支票号码　　No 1234594

科　　目

对方科目

签发日期　　2014 年　12 月　12 日

收款人:本厂职工	
金额:289 487.00	
用途:工资	
备注:	

单位主管　　　　会计

复　　核　　　　记账

实训题 84

中国工商银行**现金支票**存根

支票号码　　No 5858603

科　　目

对方科目

签发日期　　2014 年　12 月　24 日

收款人:本厂	
金额:2 000.00	
用途:补充库存	
备注:	

单位主管　　　　会计

复　　核　　　　记账

实训题 12(4/4)

中国工商银行普阳市分行邮、电、手续费收费凭证(借方凭证) ①

2014 年 12 月 2 日

缴款人名称：曙光车床厂	信(电)汇 笔 汇票 笔 其 它 笔
账 号：全安办事处 8932716	异托、委托 1 笔 支票 笔本 专用托收 笔

邮费金额					电报费金额					手续费金额					合计金额						
百	十	元	角	分	百	十	元	角	分	百	十	元	角	分	千	百	十	元	角	分	科目(借) 对方科目(贷)
											1	5	0	0		¥	1	5	0	0	复核 记账
合计金额	人民币(大写)：壹拾伍元整																				复票 制票

实训题 15(1/2)

中国人民保险公司
保险费、代扣印花税收据

2014 年 12 月 2 日　　财保 No. 382561

今收到 曙光车床厂 交纳 2015 年度财产 保险费 60 000.00 元

并代扣印花税 60.00 元

总计人民币 陆万零陆拾元整 ¥: 60 060.00

会计：李 佳　　复核：赵 丽　　经办人：刘广宽

实训题 16(1/21)

领　料　单

领料部门：铸造车间　　　开票日期 2014 年 12 月 2 日　　　　字第 0846 号

<table>
<tr><td colspan="2" rowspan="2">材料编号</td><td rowspan="2">材料名称</td><td rowspan="2">规　格</td><td rowspan="2">单位</td><td rowspan="2">请领数量</td><td rowspan="2">实发数量</td><td colspan="2">计划价格</td></tr>
<tr><td>单价</td><td>金额</td></tr>
<tr><td colspan="2">11001</td><td>生铁</td><td></td><td>吨</td><td>30</td><td>30</td><td>2 300</td><td>69 000</td></tr>
<tr><td rowspan="3">用　途</td><td rowspan="3">A 车床</td><td colspan="3">领料部门</td><td colspan="4">发料部门</td></tr>
<tr><td colspan="2">负责人</td><td>领料人</td><td colspan="2">核准人</td><td colspan="2">发料人</td></tr>
<tr><td colspan="2"></td><td>王　洪</td><td colspan="2"></td><td colspan="2">赵　亮</td></tr>
</table>

②仓库记账后转财会科

实训题 16(2/21)

领　料　单

领料部门：铸造车间　　　开票日期 2014 年 12 月 2 日　　　　字第 0847 号

<table>
<tr><td colspan="2" rowspan="2">材料编号</td><td rowspan="2">材料名称</td><td rowspan="2">规　格</td><td rowspan="2">单位</td><td rowspan="2">请领数量</td><td rowspan="2">实发数量</td><td colspan="2">计划价格</td></tr>
<tr><td>单价</td><td>金额</td></tr>
<tr><td colspan="2">11001</td><td>生铁</td><td></td><td>吨</td><td>8</td><td>8</td><td>2 300</td><td>18 400</td></tr>
<tr><td rowspan="3">用　途</td><td rowspan="3">B 车床</td><td colspan="3">领料部门</td><td colspan="4">发料部门</td></tr>
<tr><td colspan="2">负责人</td><td>领料人</td><td colspan="2">核准人</td><td colspan="2">发料人</td></tr>
<tr><td colspan="2"></td><td>王　洪</td><td colspan="2"></td><td colspan="2">赵　亮</td></tr>
</table>

②仓库记账后转财会科

实训题 16(3/21)

领　料　单

领料部门：铸造车间　　　开票日期 2014 年 12 月 2 日　　　　字第 0848 号

<table>
<tr><td colspan="2" rowspan="2">材料编号</td><td rowspan="2">材料名称</td><td rowspan="2">规　格</td><td rowspan="2">单位</td><td rowspan="2">请领数量</td><td rowspan="2">实发数量</td><td colspan="2">计划价格</td></tr>
<tr><td>单价</td><td>金额</td></tr>
<tr><td colspan="2">12105</td><td>焦炭</td><td></td><td>吨</td><td>15</td><td>15</td><td>470</td><td>7 050</td></tr>
<tr><td rowspan="3">用　途</td><td rowspan="3">A 车床</td><td colspan="3">领料部门</td><td colspan="4">发料部门</td></tr>
<tr><td colspan="2">负责人</td><td>领料人</td><td colspan="2">核准人</td><td colspan="2">发料人</td></tr>
<tr><td colspan="2"></td><td>刘　伟</td><td colspan="2"></td><td colspan="2">张涛江</td></tr>
</table>

②仓库记账后转财会科

实训题 **16**(4/21)

领　料　单

领料部门：铸造车间　　　开票日期　2014 年 12 月 2 日　　　字第　0849 号

材料编号	材料名称	规格	单位	请领数量	实发数量	计划价格	
						单价	金额
12106	煤		吨	10	10	180	1 800

用途		领料部门		发料部门	
用途	A 车床	负责人	领料人	核准人	发料人
			刘　伟		张涛江

②仓库记账后转财会科

实训题 **16**(5/21)

领　料　单

领料部门：铸造车间　　　开票日期　2014 年 12 月 2 日　　　字第　0850 号

材料编号	材料名称	规格	单位	请领数量	实发数量	计划价格	
						单价	金额
12105	焦炭		吨	10	10	470	4 700

用途		领料部门		发料部门	
用途	B 车床	负责人	领料人	核准人	发料人
			刘　伟		张涛江

②仓库记账后转财会科

实训题 **16**(6/21)

领　料　单

领料部门：铸造车间　　　开票日期　2014 年 12 月 2 日　　　字第　0851 号

材料编号	材料名称	规格	单位	请领数量	实发数量	计划价格	
						单价	金额
12106	煤		吨	5	5	180	900

用途		领料部门		发料部门	
用途	B 车床	负责人	领料人	核准人	发料人
			刘　伟		张涛江

②仓库记账后转财会科

实训题 16(7/21)

领　料　单

领料部门：机加车间　　　开票日期　2014年 12月 2日　　　字第　0852号

<table>
<tr><td rowspan="2">材料编号</td><td rowspan="2">材料名称</td><td rowspan="2">规格</td><td rowspan="2">单位</td><td rowspan="2">请领数量</td><td rowspan="2">实发数量</td><td colspan="2">计划价格</td></tr>
<tr><td>单价</td><td>金额</td></tr>
<tr><td>16001</td><td>润滑油</td><td></td><td>千克</td><td>20</td><td>20</td><td>3.9</td><td>78</td></tr>
<tr><td rowspan="3">用途</td><td rowspan="3">B 车床</td><td colspan="2">领料部门</td><td colspan="4">发料部门</td></tr>
<tr><td>负责人</td><td>领料人</td><td colspan="2">核准人</td><td colspan="2">发料人</td></tr>
<tr><td></td><td>李立峰</td><td colspan="2"></td><td colspan="2">王　力</td></tr>
</table>

②仓库记账后转财会科

实训题 16(8/21)

领　料　单

领料部门：装配车间　　　开票日期　2014年 12月 2日　　　字第　0853号

<table>
<tr><td rowspan="2">材料编号</td><td rowspan="2">材料名称</td><td rowspan="2">规格</td><td rowspan="2">单位</td><td rowspan="2">请领数量</td><td rowspan="2">实发数量</td><td colspan="2">计划价格</td></tr>
<tr><td>单价</td><td>金额</td></tr>
<tr><td>13114</td><td>电机</td><td>Y 123 M</td><td>台</td><td>10</td><td>10</td><td>1 440</td><td>14 400</td></tr>
<tr><td rowspan="3">用途</td><td rowspan="3">B 车床</td><td colspan="2">领料部门</td><td colspan="4">发料部门</td></tr>
<tr><td>负责人</td><td>领料人</td><td colspan="2">核准人</td><td colspan="2">发料人</td></tr>
<tr><td></td><td>梁　青</td><td colspan="2"></td><td colspan="2">刘方运</td></tr>
</table>

②仓库记账后转财会科

实训题 16(9/21)

领　料　单

领料部门：装配车间　　　开票日期　2014年 12月 2日　　　字第　0854号

<table>
<tr><td rowspan="2">材料编号</td><td rowspan="2">材料名称</td><td rowspan="2">规格</td><td rowspan="2">单位</td><td rowspan="2">请领数量</td><td rowspan="2">实发数量</td><td colspan="2">计划价格</td></tr>
<tr><td>单价</td><td>金额</td></tr>
<tr><td>13115</td><td>电机</td><td>AOB－25</td><td>台</td><td>50</td><td>50</td><td>260</td><td>13 000</td></tr>
<tr><td rowspan="3">用途</td><td rowspan="3">B 车床</td><td colspan="2">领料部门</td><td colspan="4">发料部门</td></tr>
<tr><td>负责人</td><td>领料人</td><td colspan="2">核准人</td><td colspan="2">发料人</td></tr>
<tr><td></td><td>梁　青</td><td colspan="2"></td><td colspan="2">刘方运</td></tr>
</table>

②仓库记账后转财会科

实训题 **16**(10/21)

领　料　单

领料部门：机加车间　　开票日期　2014 年 12 月 2 日　　字第　0855 号

材料编号	材料名称	规格	单位	请领数量	实发数量	计划价格	
						单价	金额
15405	圆钢		吨	15	15	3 000	45 000

用途	领料部门		发料部门	
	负责人	领料人	核准人	发料人
A 车床		李立峰		宋　波

②仓库记账后转财会科

实训题 **16**(11/21)

领　料　单

领料部门：机加车间　　开票日期　2014 年 12 月 2 日　　字第　0856 号

材料编号	材料名称	规格	单位	请领数量	实发数量	计划价格	
						单价	金额
15405	圆钢		吨	6	6	3 000	18 000

用途	领料部门		发料部门	
	负责人	领料人	核准人	发料人
B 车床		李立峰		宋　波

②仓库记账后转财会科

实训题 **16**(12/21)

领　料　单

领料部门：机加车间　　开票日期　2014 年 12 月 2 日　　字第　0857 号

材料编号	材料名称	规格	单位	请领数量	实发数量	计划价格	
						单价	金额
16001	润滑油		千克	50	50	3.9	195

用途	领料部门		发料部门	
	负责人	领料人	核准人	发料人
A 车床		李立峰		王　力

②仓库记账后转财会科

实训题 16(13/21)

领　料　单

领料部门：装配车间　　　开票日期　2014 年 12 月 2 日　　　字第　0858 号

材料编号	材料名称	规格	单位	请领数量	实发数量	计划价格	
						单价	金额
13114	电机	Y 123 M	台	30	30	1 440	43 200
用途	A 车床	领料部门		发料部门			
		负责人	领料人	核准人	发料人		
			梁　青		刘方运		

②仓库记账后转财会科

实训题 16(14/21)

领　料　单

领料部门：装配车间　　　开票日期　2014 年 12 月 2 日　　　字第　0859 号

材料编号	材料名称	规格	单位	请领数量	实发数量	计划价格	
						单价	金额
13115	电机	AOB－25	台	100	100	260	26 000
用途	A 车床	领料部门		发料部门			
		负责人	领料人	核准人	发料人		
			梁　青		刘方运		

②仓库记账后转财会科

实训题 16(15/21)

领　料　单

领料部门：装配车间　　　开票日期　2014 年 12 月 2 日　　　字第　0860 号

材料编号	材料名称	规格	单位	请领数量	实发数量	计划价格	
						单价	金额
15002	轴承	D 318	套	50	50	350	17 500
用途	A 车床	领料部门		发料部门			
		负责人	领料人	核准人	发料人		
			赵　岩		王　刚		

②仓库记账后转财会科

实训题 16(16/21)

领　料　单

领料部门：装配车间　　开票日期　2014年12月2日　　字第　0861号

材料编号	材料名称	规格	单位	请领数量	实发数量	计划价格	
						单价	金额
15003	轴承	D 462	套	200	200	138	27 600

用途		领料部门		发料部门	
		负责人	领料人	核准人	发料人
用途	A 车床		赵岩		王刚

②仓库记账后转财会科

实训题 16(17/21)

领　料　单

领料部门：装配车间　　开票日期　2014年12月2日　　字第　0862号

材料编号	材料名称	规格	单位	请领数量	实发数量	计划价格	
						单价	金额
15002	轴承	D 318	套	20	20	350	7 000

用途		领料部门		发料部门	
		负责人	领料人	核准人	发料人
用途	B 车床		赵岩		王刚

②仓库记账后转财会科

实训题 16(18/21)

领　料　单

领料部门：装配车间　　开票日期　2014年12月2日　　字第　0863号

材料编号	材料名称	规格	单位	请领数量	实发数量	计划价格	
						单价	金额
15003	轴承	D 462	套	10	10	138	1 380

用途		领料部门		发料部门	
		负责人	领料人	核准人	发料人
用途	B 车床		赵岩		王刚

②仓库记账后转财会科

实训题 16(19/21)

领　料　单

领料部门：装配车间　　开票日期　2014年12月2日　　字第　0864号

<table>
<tr><td rowspan="2" colspan="2">材料编号</td><td rowspan="2">材料名称</td><td rowspan="2">规　格</td><td rowspan="2">单位</td><td rowspan="2">请领数量</td><td rowspan="2">实发数量</td><td colspan="2">计划价格</td></tr>
<tr><td>单价</td><td>金额</td></tr>
<tr><td colspan="2">17001</td><td>标准件</td><td></td><td>个</td><td>300</td><td>300</td><td>20.5</td><td>6 150</td></tr>
<tr><td rowspan="3">用　途</td><td rowspan="3">A 车床</td><td colspan="3">领料部门</td><td colspan="4">发料部门</td></tr>
<tr><td colspan="2">负责人</td><td colspan="2">领料人</td><td colspan="2">核准人</td><td>发料人</td></tr>
<tr><td colspan="2"></td><td colspan="2">赵　岩</td><td colspan="2"></td><td>王　刚</td></tr>
</table>

②仓库记账后转财会科

实训题 16(20/21)

领　料　单

领料部门：装配车间　　开票日期　2014年12月2日　　字第　0865号

<table>
<tr><td rowspan="2" colspan="2">材料编号</td><td rowspan="2">材料名称</td><td rowspan="2">规　格</td><td rowspan="2">单位</td><td rowspan="2">请领数量</td><td rowspan="2">实发数量</td><td colspan="2">计划价格</td></tr>
<tr><td>单价</td><td>金额</td></tr>
<tr><td colspan="2">16001</td><td>润滑油</td><td></td><td>千克</td><td>100</td><td>100</td><td>3.9</td><td>390</td></tr>
<tr><td rowspan="3">用　途</td><td rowspan="3">A 车床</td><td colspan="3">领料部门</td><td colspan="4">发料部门</td></tr>
<tr><td colspan="2">负责人</td><td colspan="2">领料人</td><td colspan="2">核准人</td><td>发料人</td></tr>
<tr><td colspan="2"></td><td colspan="2">赵　岩</td><td colspan="2"></td><td>王　力</td></tr>
</table>

②仓库记账后转财会科

实训题 16(21/21)

领　料　单

领料部门：装配车间　　开票日期　2014年12月2日　　字第　0866号

<table>
<tr><td rowspan="2" colspan="2">材料编号</td><td rowspan="2">材料名称</td><td rowspan="2">规　格</td><td rowspan="2">单位</td><td rowspan="2">请领数量</td><td rowspan="2">实发数量</td><td colspan="2">计划价格</td></tr>
<tr><td>单价</td><td>金额</td></tr>
<tr><td colspan="2">16001</td><td>润滑油</td><td></td><td>千克</td><td>30</td><td>30</td><td>3.9</td><td>117</td></tr>
<tr><td rowspan="3">用　途</td><td rowspan="3">B 车床</td><td colspan="3">领料部门</td><td colspan="4">发料部门</td></tr>
<tr><td colspan="2">负责人</td><td colspan="2">领料人</td><td colspan="2">核准人</td><td>发料人</td></tr>
<tr><td colspan="2"></td><td colspan="2">赵　岩</td><td colspan="2"></td><td>王　力</td></tr>
</table>

②仓库记账后转财会科

实训题14

领 料 单

领料部门：供汽车间　　　　开票日期　2014年 12月 2日　　　　字第 0845 号

材料编号	材料名称	规格	单位	请领数量	实发数量	计划价格	
						单价	金额
15405	圆　钢		吨	2	2	3 000	6 000

用途		领料部门		发料部门	
		负责人	领料人	核准人	发料人
用　途	车间用		王文丽		李星星

②仓库记账后转财会科

实训题 24

晋阳市人民医院 门诊医疗费收据

No 9949217

姓名 李大海

项　目	百	十	元	角	分
检查费		5	0	0	0
治疗费					
放射费					
手术费					
化验费					
输血费					
输氧费					
观察床费					
西药费	1	4	0	0	0
中成药费		4	0	0	0
中草药费					
自费中药					
自费西药					

备　注

1. 收据丢失不补
2. 无收讫印无效
3. 检查费包括心电、脑电、B超、镜检等各种仪器检查。

¥：230.00

人民币（大写）：贰佰叁拾零元零角零分

14年 12月 4日　　收款人：周 杰

实训题 32

偿还贷款凭证（第一联）

2014年 12月 7日

借款单位名称	曙光车床厂	贷款账号	84621	结算账号	83852674
还款金额（大写）	贰拾万元整			千百十万千百十元角分	¥20000000
贷款种类	短期借款	借出日期	2013年12月 7日	原约定还款日期	2014年12月7日

上列款项由本单位 67890135 账户内偿到期贷款　此致 借款单位盖章	会计分录： 收： 付： 复核员　　　　记账员

偿还贷款收据

实训题 33

市机床经销公司一笔应收账款 3 000元，确认作为坏账损失处理。

财务科长：金 强

2014.12.8

实训题 35(1/9)

领 料 单

领料部门：铸造车间　　开票日期　2014年 12月 9日　　字第 0868 号

材料编号	材料名称	规格	单位	请领数量	实发数量	计划价格	
						单价	金额
20011 20012	劳动保护品	劳保鞋 耐热手套	双 付	20 10	20 10	30 4.5	645

用途	领料部门		发料部门	
	负责人	领料人	核准人	发料人
劳动保护用品		王 洪		李星星

②仓库记账后转财会科

实训题 35(2/9)

领 料 单

领料部门：机加车间　　开票日期　2014年 12月 9日　　字第 0869 号

材料编号	材料名称	规格	单位	请领数量	实发数量	计划价格	
						单价	金额
20010 20011	劳动保护品	工作服 劳保鞋	套 双	10 10	10 10	35.9 30	359 300

用途	领料部门		发料部门	
	负责人	领料人	核准人	发料人
劳动保护用品		姜 文		李星星

②仓库记账后转财会科

实训题 35(3/9)

领 料 单

领料部门：机加车间　　开票日期　2014年12月9日　　字第 0870 号

材料编号	材料名称	规格	单位	请领数量	实发数量	计划价格	
						单价	金额
30010	附 件	勾板手	个	30	30	4.8	144

用途		领料部门		发料部门	
		负责人	领料人	核准人	发料人
用 途	车间用		姜 文		李星星

②仓库记账后转财会科

实训题 35(4/9)

领 料 单

领料部门：装配车间　　开票日期　2014年12月9日　　字第 0871 号

材料编号	材料名称	规格	单位	请领数量	实发数量	计划价格	
						单价	金额
20011	劳动保护品	劳保鞋	双	10	10	30	300

用途		领料部门		发料部门	
		负责人	领料人	核准人	发料人
用 途	劳动保护用品		贾 力		李星星

②仓库记账后转财会科

实训题 35(5/9)

领 料 单

领料部门：装配车间　　开票日期　2014年12月9日　　字第 0872 号

材料编号	材料名称	规格	单位	请领数量	实发数量	计划价格	
						单价	金额
30011 30012	附 件	法兰盘 螺 钉	个 盒	40 10	40 10	13.5 15	690

用途		领料部门		发料部门	
		负责人	领料人	核准人	发料人
用 途	车间用		贾 力		李星星

②仓库记账后转财会科

实训题 35(6/9)

领　料　单

领料部门：机修车间　　　开票日期　2014年12月9日　　　字第 0873 号

材料编号	材料名称	规　格	单位	请领数量	实发数量	计划价格	
						单价	金额
40010	专用工具		把	10	10	45	450

用　途		领料部门		发料部门	
		负责人	领料人	核准人	发料人
用　途	劳动保护用品		王文丽		李星星

②仓库记账后转财会科

实训题 35(7/9)

领　料　单

领料部门：供汽车间　　　开票日期　2014年12月9日　　　字第 0874 号

材料编号	材料名称	规　格	单位	请领数量	实发数量	计划价格	
						单价	金额
20011	劳动保护品	劳保鞋	双	10	10	30	300

用　途		领料部门		发料部门	
		负责人	领料人	核准人	发料人
用　途	劳动保护用品		王文丽		李星星

②仓库记账后转财会科

实训题 35(8/9)

领　料　单

领料部门：配电　　　开票日期　2014年12月9日　　　字第 0875 号

材料编号	材料名称	规　格	单位	请领数量	实发数量	计划价格	
						单价	金额
40010	专用工具		把	10	10	45	450

用　途		领料部门		发料部门	
		负责人	领料人	核准人	发料人
用　途	车间用		张春风		李星星

②仓库记账后转财会科

实训题 35(9/9)

领　料　单

领料部门：厂部　　　　开票日期　2014年12月9日　　　　字第　0876号

材料编号	材料名称	规格	单位	请领数量	实发数量	计划价格	
						单价	金额
20010	劳动保护品	工作服	套	3	3	35.9	107.7

用途		领料部门		发料部门	
		负责人	领料人	核准人	发料人
	劳动保护用品		高　华		李星星

②仓库记账后转财会科

实训题 36(1/2)

收　　据

2014年12月9日

第　　号

交款单位　铸造车间　　　　交款人　赵　钢

交　　来　违章操作罚款　　　　款

人民币(大写)贰佰伍拾元整　　　　¥ 250.00

收款单位　　　　会计主管　金　强　　　　收款　李　芳

财会记账

实训题 36(2/2)

罚款通知单

财务科：

铸造车间工人赵钢因违章操作，经厂长办公室决定，对其罚款 250 元。

厂长办公室

2014年12月9日

实训题 37(2/2)

中国工商银行普阳市分行邮、电手续费收费凭证(借方凭证) ①

2014年 12月 9日

缴款人名称：曙光车床厂	信(电)汇　笔　汇票 1 笔　其他　笔
账号：67890135	异托、委托　笔　支票　笔本　专用托收　笔

邮费金额					电报费金额					手续费金额					合计金额						科目(借)
百	十	元	角	分	百	十	元	角	分	百	十	元	角	分	千	百	十	元	角	分	对方科目(贷)
											¥	5	0	0			¥	5	0	0	复核　记账
合计金额	人民币(大写)：伍元整																				复票　制票

实训题 38(1/3)

领　料　单

领料部门：供汽车间　　开票日期　2014年 12月 9日　　字第 0877号

材料编号	材料名称	规格	单位	请领数量	实发数量	计划价格	
						单价	金额
15405	圆钢		吨	2	2	3 000	6 000

用途	车间用	领料部门		发料部门	
		负责人	领料人	核准人	发料人
			张　明		宋　波

②仓库记账后转财会科

实训题 42(1/2)

固定资产租赁合同

2014年 12月 10日　　第5号

出租单位名称	曙光车床厂		租入单位名称	机床经销公司	
固定资产名称	产成品仓库	类别		原始价值	116 500
租金	每月 8 400元	租赁期限	两年	备注	

设备科长：陈　军　　财务科长：金　强　　经手人：李华明

实训题 45

偿还贷款凭证(第一联)

2014 年 12 月 10 日

借款单位名称	曙光车床厂	贷款账号		结算账号	67890135
还款金额(大写)	伍拾伍万元整				千 百 十 万 千 百 十 元 角 分 ¥ 5 5 0 0 0 0 0 0
贷款种类	长期借款	借出日期	2012年12月10日	原约定还款日期	2014年12月10日
上列款项由本单位 67890135 账户内偿到期贷款 此致 借款单位盖章			会计分录: 收: 付: 复核员 记账员		

偿还贷款收据

实训题 46(1/4)

固定资产清理报废单

2014 年 12 月 10 日 签发 编号:

主管部门:机械公司				使用单位:曙光车床厂					
名称及型号	单位	数量	原始价值	已提折旧	净值	预计使用年限	实际使用年限	支付清理费	收加变收入价
锅炉	台	1	85 000	74 000	11 000	20	18	4 500	9 000
建造单位	建造年份	出厂号	申请报废原因:						
工程锅炉厂	1996 年								

调出单位公章: 主管人: 调入单位公章: 主管人:

实训题 47(1/2)

固定资产联营转移单

投出单位:市机床附件厂

投入单位:曙光车床厂 2014 年 12 月 10 日 转移单号:00841

转移原因	联营投资				税金:	评估价值:36 000		
名称	型号	单位	数量	预计使用年限	已使用年限	原值	已提折旧	净值
万能铣床		台	1	18	3	45 000	7 500	37 500

调出单位		调入单位	
财务科长: 设备科长:		财务科长:金 强 设备科长:赵卫军	

实训题 48(2/2)

中国工商银行普阳市分行邮、电、手续费收费凭证(借方凭证) ①

2014年 12月 11日

缴款人名称：曙光车床厂											信(电)汇 1 笔 汇票 笔 其 他 笔								
账 号：67890135											异托、委托 笔 支票 笔 本 专用托收 笔								
邮费金额					电报费金额					手续费金额					合计金额					科目(借)
百	十	元	角	分	百	十	元	角	分	百	十	元	角	分	千	百	十	元	角	分	对方科目(贷)
		4	2	0													¥	4	2	0	复核 记账
合计金额	人民币(大写)：肆元贰角整																				复票 制票

实训题 51(1/2)

现金盘点报告单

日期	账面余额	实际库存额	长款	短款	原因	处理意见
12.12	540.00	490.00		50.00	多付款	个人赔款

出纳：李 芳　　会计：　　账务科长：金 强

实训题 51(2/2)

收 据

2014年 12月 12日　　第 13号

交款单位 财会科　　交款人 李芳

交 来 库存现金短款的赔款 款

人民币(大写) 伍拾元整　　¥ 50.00

收款单位　　会计主管 金 强　　收款

财会记账

实训题 52(4/5)

中国工商银行普阳市分行邮、电、手续费收费凭证(借方凭证) ①

2014 年 12 月 13 日

缴款人名称：曙光车床厂	信(电)汇 1 笔 汇票 笔 其 他 笔
账 号：67890135	异托、委托 笔 支票 笔本 专用托收 笔

邮费金额					电报费金额					手续费金额					合计金额						科目(借)______
百	十	元	角	分	百	十	元	角	分	百	十	元	角	分	千	百	十	元	角	分	对方科目(贷)______
											1	2	0	0		¥	1	2	0	0	复核 记账
合计金额	人民币(大写)：壹拾贰元整																				复票 制票

实训题 54

技术员张涛外出学习回来，补领工资 3 000.00 元。

财务科长：金 强

2014.12.14

实训题 58(1/3)

锅炉改造工程决算书

竣工日期 2014 年 12 月 15 日　　No 195

工程项目	铸造车间锅炉改造	施工方式	出包工程
预 算 价	87 000.00	决 算 价	87 000.00
累计已付数额：67 000.00			
决算应付数额：87 000.00			

总工程师：　　总会计师：

实训题 63

收　　据

2014 年 12 月 18 日　　　　第 150 号

交款单位 行政科　　　　交款人 尚文

交　　来 备用金 款

人民币(大写) 壹仟肆佰元整　　　　¥ 1 400.00

收款单位　　　　会计主管 金 强　　　　收款 李 芳

财会记账

实训题 65(2/3)

12 月份自来水费收据

2014 年 12 月 18 日

用户名称	曙光车床厂			地址 万福 街 88 号								
水　价	上月指数	本月指针	当月用量	项目	金额							
					十	万	千	百	十	元	角	分
元/m³	25 000	32 000	7 000			2	1	0	0	0	0	0
10%				附加费								
3.0 元/m³				水资源费								
合计 人民币(大写): 贰万壹仟元整					¥	2	1	0	0	0	0	0

自来水公司　　　　收费员: 王 军

三 附款凭证

实训题 67(1/8)

收 料 单

2014 年 12 月 18 日　　　　编码：12001

材料编号	材料名称	规格	材质	单位	数量		实际单价	材料金额	运杂费	合计（材料实际成本）
					发货票	实收				
15405	圆钢	Cr∅60	优	吨	25	25	3 280.00	82 000	2 790	84 790
供货单位	阳州钢铁公司	结算办法	转 账		合同号		425		计划单价	材料/计划成本
备 注									3 000.00	75 000

主管：史前方　　质量检验员：李 新　　仓库验收：宋 波　　经办人：赵 军

④ 验收报销用

实训题 67(2/8)

收 料 单

2014 年 12 月 18 日　　　　编码：12002

材料编号	材料名称	规格	材质	单位	数量		实际单价	材料金额	运杂费	合计（材料实际成本）
					发货票	实收				
15405	圆 钢	Cr∅60	优	吨	5	5	4 800.00	24 000	837	24 837
供货单位	商州钢铁公司	结算办法	转 账		合同号		450		计划单价	材料/计划成本
备 注									3 000.00	15 000

主管：史前方　　质量检验员：李 新　　仓库验收：宋 波　　经办人：赵 军

④ 验收报销用

实训题 67(3/8)

收 料 单

2014 年 12 月 18 日　　　　编码：12003

材料编号	材料名称	规格	材质	单位	数量		实际单价	材料金额	运杂费	合计（材料实际成本）
					发货票	实收				
20011 20012	劳动保护品	劳保鞋 耐热手套		双 付	50 10	50 10	32.50 4.50	1 625 45		1 670
供货单位	市劳保用品商店	结算办法	转账支票		合同号				计划单价	材料/计划成本
备 注									30.00 4.50	1 500 45

主管：史前方　　质量检验员：李 新　　仓库验收：　　经办人：陈 卫

④ 验收报销用

实训题 67(4/8)

收 料 单

2014年12月18日　　编码：12004

材料编号	材料名称	规格	材质	单位	数量		实际单价	材料金额	运杂费	合计（材料实际成本）
					发货票	实收				
16001	润滑油			千克	100	100	3.80	380		380
供货单位	市物资公司	结算办法	转账支票	合同号			计划单价			材料/计划成本
备注							3.90			390

主管：史前方　质量检验员：李 新　仓库验收：　经办人：陈 卫

④ 验收报销用

实训题 67(5/8)

收 料 单

2014年12月18日　　编码：12005

材料编号	材料名称	规格	材质	单位	数量		实际单价	材料金额	运杂费	合计（材料实际成本）
					发货票	实收				
15002	轴承	D 318		套	100	100	335.00	33 500	2 790	36 290
供货单位	哈尔滨轴承厂	结算办法	转 账	合同号	0411		计划单价			材料/计划成本
备注							350.00			35 000

主管：史前方　质量检验员：李 新　仓库验收：王 刚　经办人：陈 卫

④ 验收报销用

实训题 67(6/8)

收 料 单

2014年12月18日　　编码：12006

材料编号	材料名称	规格	材质	单位	数量		实际单价	材料金额	运杂费	合计（材料实际成本）
					发货票	实收				
12106	煤			吨	30	30	170.00	5 100	744	5 844
供货单位	抚顺煤矿	结算办法	转 账	合同号	125		计划单价			材料/计划成本
备注							180.00			5 400

主管：史前方　质量检验员：李 新　仓库验收：张涛江　经办人：赵 军

④ 验收报销用

实训题 67(7/8)

收 料 单

2014年12月18日　　　　编码：12007

材料编号	材料名称	规格	材质	单位	数量		实际单价	材料金额	运杂费	合计(材料实际成本)
					发货票	实收				
18002	包装箱			个	70	70	380.00	26 600		26 600
供货单位		结算办法		合同号					计划单价	材料/计划成本
备　注									400.00	28 000

④验收报销用

主管：史前方　　质量检验员：李　新　　仓库验收：张涛江　　经办人：刘力光

实训题 70(1/27)

领 料 单

领料部门：装配车间　　开票日期　2014年12月18日　　字第 0878 号

材料编号	材料名称	规格	单位	请领数量	实发数量	计划价格	
						单价	金额
44010	专用工具		把	2 000	2 000	45.00	90 000

用途	领料部门		发料部门	
	负责人	领料人	核准人	发料人
A 车床		赵　岩		王　力

②仓库记账后转财会科

实训题 70(2/27)

领 料 单

领料部门：装配车间　　开票日期　2014年12月18日　　字第 0879 号

材料编号	材料名称	规格	单位	请领数量	实发数量	计划价格	
						单价	金额
44010	专用工具		把	300	300	45.00	13 500

用途	领料部门		发料部门	
	负责人	领料人	核准人	发料人
B 车床		赵　岩		王　力

②仓库记账后转财会科

实训题 70(3/27)

领　料　单

领料部门：铸造车间　　开票日期　2014年12月18日　　字第　0880号

材料编号	材料名称	规格	单位	请领数量	实发数量	计划价格	
						单价	金额
11001	生铁		吨	5	5	2 300	11 500

用途		领料部门		发料部门	
用　途	A车床	负责人	领料人	核准人	发料人
			王　洪		赵　亮

②仓库记账后转财会科

实训题 70(4/27)

领　料　单

领料部门：铸造车间　　开票日期　2014年12月18日　　字第　0881号

材料编号	材料名称	规格	单位	请领数量	实发数量	计划价格	
						单价	金额
12105	焦炭		吨	5	5	470	2 350

用途		领料部门		发料部门	
用　途	A车床	负责人	领料人	核准人	发料人
			刘　伟		张涛江

②仓库记账后转财会科

实训题 70(5/27)

领　料　单

领料部门：铸造车间　　开票日期　2014年12月18日　　字第　0882号

材料编号	材料名称	规格	单位	请领数量	实发数量	计划价格	
						单价	金额
12106	煤		吨	5	5	180	900

用途		领料部门		发料部门	
用　途	A车床	负责人	领料人	核准人	发料人
			刘　伟		张涛江

②仓库记账后转财会科

实训题 70(6/27)

领 料 单

领料部门：机加车间　　开票日期　2014年12月18日　　字第 0883 号

材料编号	材料名称	规格	单位	请领数量	实发数量	计划价格	
						单价	金额
15405	圆钢		吨	7.5	7.5	3 000	22 500

用途		领料部门		发料部门	
用途	A 车床	负责人	领料人	核准人	发料人
			李立峰		宋 波

②仓库记账后转财会科

实训题 70(7/27)

领 料 单

领料部门：机加车间　　开票日期　2014年12月18日　　字第 0884 号

材料编号	材料名称	规格	单位	请领数量	实发数量	计划价格	
						单价	金额
15405	圆钢		吨	5.5	5.5	3 000	16 500

用途		领料部门		发料部门	
用途	B 车床	负责人	领料人	核准人	发料人
			李立峰		宋 波

②仓库记账后转财会科

实训题 70(8/27)

领 料 单

领料部门：机加车间　　开票日期　2014年12月18日　　字第 0885 号

材料编号	材料名称	规格	单位	请领数量	实发数量	计划价格	
						单价	金额
16001	润滑油		千克	10	10	3.9	39

用途		领料部门		发料部门	
用途	B 车床	负责人	领料人	核准人	发料人
			李立峰		王 力

②仓库记账后转财会科

实训题 70(9/27)

领　料　单

领料部门：装配车间　　　开票日期　2014 年 12 月 18 日　　　字第　0886 号

<table>
<tr><td rowspan="2" colspan="2">材 料 编 号</td><td rowspan="2">材 料 名 称</td><td rowspan="2">规　格</td><td rowspan="2">单位</td><td rowspan="2">请领数量</td><td rowspan="2">实发数量</td><td colspan="2">计划价格</td></tr>
<tr><td>单价</td><td>金额</td></tr>
<tr><td colspan="2">13114</td><td>电机</td><td>Y123 M</td><td>台</td><td>70</td><td>70</td><td>1 440</td><td>100 800</td></tr>
<tr><td rowspan="3">用　途</td><td rowspan="3" colspan="2">A 车床</td><td colspan="3">领料部门</td><td colspan="3">发料部门</td></tr>
<tr><td colspan="2">负责人</td><td>领料人</td><td>核准人</td><td colspan="2">发料人</td></tr>
<tr><td colspan="2"></td><td>梁　青</td><td></td><td colspan="2">刘方远</td></tr>
</table>

②仓库记账后转财会科

实训题 70(10/27)

领　料　单

领料部门：装配车间　　　开票日期　2014 年 12 月 18 日　　　字第　0887 号

<table>
<tr><td rowspan="2" colspan="2">材 料 编 号</td><td rowspan="2">材 料 名 称</td><td rowspan="2">规　格</td><td rowspan="2">单位</td><td rowspan="2">请领数量</td><td rowspan="2">实发数量</td><td colspan="2">计划价格</td></tr>
<tr><td>单价</td><td>金额</td></tr>
<tr><td colspan="2">13114</td><td>电机</td><td>Y123 M</td><td>台</td><td>10</td><td>10</td><td>1 440</td><td>14 400</td></tr>
<tr><td rowspan="3">用　途</td><td rowspan="3" colspan="2">B 车床</td><td colspan="3">领料部门</td><td colspan="3">发料部门</td></tr>
<tr><td colspan="2">负责人</td><td>领料人</td><td>核准人</td><td colspan="2">发料人</td></tr>
<tr><td colspan="2"></td><td>梁　青</td><td></td><td colspan="2">刘方远</td></tr>
</table>

②仓库记账后转财会科

实训题 70(11/27)

领　料　单

领料部门：装配车间　　　开票日期　2014 年 12 月 18 日　　　字第　0888 号

<table>
<tr><td rowspan="2" colspan="2">材 料 编 号</td><td rowspan="2">材 料 名 称</td><td rowspan="2">规　格</td><td rowspan="2">单位</td><td rowspan="2">请领数量</td><td rowspan="2">实发数量</td><td colspan="2">计划价格</td></tr>
<tr><td>单价</td><td>金额</td></tr>
<tr><td colspan="2">13115</td><td>电机</td><td>AOB— 25</td><td>台</td><td>300</td><td>300</td><td>260</td><td>78 000</td></tr>
<tr><td rowspan="3">用　途</td><td rowspan="3" colspan="2">A 车床</td><td colspan="3">领料部门</td><td colspan="3">发料部门</td></tr>
<tr><td colspan="2">负责人</td><td>领料人</td><td>核准人</td><td colspan="2">发料人</td></tr>
<tr><td colspan="2"></td><td>梁　青</td><td></td><td colspan="2">刘方远</td></tr>
</table>

②仓库记账后转财会科

实训题 70(12/27)

领　料　单

领料部门：装配车间　　开票日期　2014 年 12 月 18 日　　字第 0889 号

材料编号	材料名称	规格	单位	请领数量	实发数量	计划价格	
						单价	金额
13115	电机	AOB—25	台	50	50	260	13 000

用途		领料部门		发料部门	
		负责人	领料人	核准人	发料人
	B 车床		梁 青		刘方远

②仓库记账后转财会科

实训题 70(13/27)

领　料　单

领料部门：装配车间　　开票日期　2014 年 12 月 18 日　　字第 0890 号

材料编号	材料名称	规格	单位	请领数量	实发数量	计划价格	
						单价	金额
15002	轴承	D 318	套	200	200	350	70 000

用途		领料部门		发料部门	
		负责人	领料人	核准人	发料人
	A 车床		赵 岩		王 刚

②仓库记账后转财会科

实训题 70(14/27)

领　料　单

领料部门：装配车间　　开票日期　2014 年 12 月 18 日　　字第 0891 号

材料编号	材料名称	规格	单位	请领数量	实发数量	计划价格	
						单价	金额
15002	轴承	D 318	套	20	20	350	7 000

用途		领料部门		发料部门	
		负责人	领料人	核准人	发料人
	B 车床		赵 岩		王 刚

②仓库记账后转财会科

实训题 70(15/27)

领 料 单

领料部门： 装配车间　　开票日期　2014 年 12 月 18 日　　字第 0892 号

材料编号	材料名称	规格	单位	请领数量	实发数量	计划价格	
						单价	金额
15003	轴承	D 462	套	300	300	138	41 400

用途		领料部门		发料部门	
		负责人	领料人	核准人	发料人
用途	A 车床		赵 岩		王 刚

②仓库记账后转财会科

实训题 70(16/27)

领 料 单

领料部门： 装配车间　　开票日期　2014 年 12 月 18 日　　字第 0893 号

材料编号	材料名称	规格	单位	请领数量	实发数量	计划价格	
						单价	金额
15003	轴承	D 462	套	50	50	138	6 900

用途		领料部门		发料部门	
		负责人	领料人	核准人	发料人
用途	B 车床		赵 岩		王 刚

②仓库记账后转财会科

实训题 70(17/27)

领 料 单

领料部门： 装配车间　　开票日期　2014 年 12 月 18 日　　字第 0894 号

材料编号	材料名称	规格	单位	请领数量	实发数量	计划价格	
						单价	金额
17001	标准件		个	450	450	20.5	9 225

用途		领料部门		发料部门	
		负责人	领料人	核准人	发料人
用途	A 车床		赵 岩		王 刚

②仓库记账后转财会科

实训题 70(18/27)

领　料　单

领料部门：装配车间　　开票日期　2014 年 12 月 18 日　　字第 0895 号

材料编号	材料名称	规格	单位	请领数量	实发数量	计划价格	
						单价	金额
16001	润滑油		千克	40	40	3.9	156

用途		领料部门		发料部门	
		负责人	领料人	核准人	发料人
用　途	B 车床		赵　岩		王　力

②仓库记账后转财会科

实训题 70(19/27)

领　料　单

领料部门：装配车间　　开票日期　2014 年 12 月 18 日　　字第 0896 号

材料编号	材料名称	规格	单位	请领数量	实发数量	计划价格	
						单价	金额
16001	润滑油		千克	50	50	3.9	195

用途		领料部门		发料部门	
		负责人	领料人	核准人	发料人
用　途	A 车床		赵　岩		王　力

②仓库记账后转财会科

实训题 70(20/27)

领　料　单

领料部门：装配车间　　开票日期　2014 年 12 月 18 日　　字第 0897 号

材料编号	材料名称	规格	单位	请领数量	实发数量	计划价格	
						单价	金额
17001	标准件		个	160	160	20.5	3 280

用途		领料部门		发料部门	
		负责人	领料人	核准人	发料人
用　途	B 车床		赵　岩		王　刚

②仓库记账后转财会科

实训题 **70**(21/27)

领　料　单

领料部门：装配车间　　开票日期　2014年12月18日　　字第 0898 号

材料编号	材料名称	规格	单位	请领数量	实发数量	计划价格	
						单价	金额
18001	油漆		千克	800	800	10	8 000

用途		领料部门		发料部门	
		负责人	领料人	核准人	发料人
用途	A车床		赵岩		王力

②仓库记账后转财会科

实训题 **70**(22/27)

领　料　单

领料部门：装配车间　　开票日期　2014年12月18日　　字第 0899 号

材料编号	材料名称	规格	单位	请领数量	实发数量	计划价格	
						单价	金额
18001	油漆		千克	200	200	10	2 000

用途		领料部门		发料部门	
		负责人	领料人	核准人	发料人
用途	B车床		赵岩		王力

②仓库记账后转财会科

实训题 **70**(23/27)

领　料　单

领料部门：装配车间　　开票日期　2014年12月18日　　字第 0900 号

材料编号	材料名称	规格	单位	请领数量	实发数量	计划价格	
						单价	金额
18002	包装箱		个	50	50	400	20 000

用途		领料部门		发料部门	
		负责人	领料人	核准人	发料人
用途	A车床		李娜		邓君

②仓库记账后转财会科

实训题 70(24/27)

领 料 单

领料部门：装配车间　　开票日期　2014年12月18日　　字第 0901 号

<table>
<tr><td rowspan="2">材料编号</td><td rowspan="2">材料名称</td><td rowspan="2">规格</td><td rowspan="2">单位</td><td rowspan="2">请领数量</td><td rowspan="2">实发数量</td><td colspan="2">计划价格</td></tr>
<tr><td>单价</td><td>金额</td></tr>
<tr><td>18002</td><td>包装箱</td><td></td><td>个</td><td>20</td><td>20</td><td>400</td><td>8 000</td></tr>
<tr><td rowspan="3">用途</td><td rowspan="3">B 车床</td><td colspan="2">领料部门</td><td colspan="2">发料部门</td></tr>
<tr><td>负责人</td><td>领料人</td><td>核准人</td><td>发料人</td></tr>
<tr><td></td><td>李 娜</td><td></td><td>邓 君</td></tr>
</table>

②仓库记账后转财会科

实训题 70(25/27)

领 料 单

领料部门：供汽车间　　开票日期　2014年12月18日　　字第 0902 号

<table>
<tr><td rowspan="2">材料编号</td><td rowspan="2">材料名称</td><td rowspan="2">规格</td><td rowspan="2">单位</td><td rowspan="2">请领数量</td><td rowspan="2">实发数量</td><td colspan="2">计划价格</td></tr>
<tr><td>单价</td><td>金额</td></tr>
<tr><td>25001</td><td>专用工具</td><td></td><td>把</td><td>50</td><td>50</td><td>45.00</td><td>2 250</td></tr>
<tr><td rowspan="3">用途</td><td rowspan="3">车间用</td><td colspan="2">领料部门</td><td colspan="2">发料部门</td></tr>
<tr><td>负责人</td><td>领料人</td><td>核准人</td><td>发料人</td></tr>
<tr><td></td><td>宋林广</td><td></td><td>刘方远</td></tr>
</table>

②仓库记账后转财会科

实训题 70(26/27)

领 料 单

领料部门：供汽车间　　开票日期　2014年12月18日　　字第 0903 号

<table>
<tr><td rowspan="2">材料编号</td><td rowspan="2">材料名称</td><td rowspan="2">规格</td><td rowspan="2">单位</td><td rowspan="2">请领数量</td><td rowspan="2">实发数量</td><td colspan="2">计划价格</td></tr>
<tr><td>单价</td><td>金额</td></tr>
<tr><td>17001</td><td>标准件</td><td></td><td>个</td><td>50</td><td>50</td><td>20.5</td><td>1 025</td></tr>
<tr><td rowspan="3">用途</td><td rowspan="3">车间用</td><td colspan="2">领料部门</td><td colspan="2">发料部门</td></tr>
<tr><td>负责人</td><td>领料人</td><td>核准人</td><td>发料人</td></tr>
<tr><td></td><td>江 雪</td><td></td><td>王 刚</td></tr>
</table>

②仓库记账后转财会科

实训题 70(27/27)

领　料　单

领料部门：供汽车间　　开票日期　2014 年 12 月 18 日　　字第 0904 号

材料编号	材料名称	规　格	单位	请领数量	实发数量	计划价格	
						单价	金额
16001	润滑油		千克	30	30	3.9	117
用　途	车间用	领料部门		发料部门			
		负责人	领料人	核准人	发料人		
			江　雪		王　刚		

②仓库记账后转财会科

实训题 71(1/2)

财产清查报告单

2014 年 12 月 20 日　　№ 1201

类别	财产名称规格	单位	单价	账面数量	实物数量	盘盈		盘亏		盈亏原因
						数量	金　额	数量	金　额	
18002	包装箱	个	400.00	73	71			2	800	待查
合　计				73	71			2	800	

财务：　审批：　主管：　保管使用：　制单：曲　光

二财务

实训题 71(2/2)

财产清查报告单

2014 年 12 月 20 日　　№ 1202

类别	财产名称规格	单位	单价	账面数量	实物数量	盘盈		盘亏		盈亏原因
						数量	金　额	数量	金　额	
	六角车床	台	19 000	5	4			1	19 000	待查
合　计				5	4			1	19 000	

财务：　审批：　主管：　保管使用：　制单：曲　光

二财务

（注：此设备的累计折旧 17 500 元）

实训题 72

待摊费用摊销表

2014年12月20日

费用项目	本月摊销额	未摊销额
报刊杂志费	3000.00	5000.00
财产保险费	12000.00	60000.00
合　　计	15000.00	65000.00

制表：　　　　　　　　　　　　　　　　财务科长：

实训题 73

无形资产摊销表

2014年12月20日

无形资产名称	本月摊销额	未摊销额
专　利　权	7 000.00	13 000.00
土地使用权	1 500.00	12 700.00
合　　计	8 500.00	25 700.00

制表：李玉琴　　　　　　　　　　　　　　财务科长：金　强

实训题 74

坏账准备计算表

2014年12月20日

应收账款余额	计提比例	计提坏账准备
	5‰	

制表：李玉琴　　　　　　　　　　　　　　财务科长：金　强

实训题 75

利息及债券溢价摊销表

2014 年 12 月 20 日

长期负债项目	利　息　额	应摊销溢价额	未摊销溢价额
长期借款	14 000		
企业债券	5 000	560	19 440
合　　计	19 000		

制表：李玉琴　　　　财务科长：金　强

实训题 76

经查实确认盘亏包装箱属于保管不善丢失，盘亏设备已转入报废清理，属漏记账，现批准予以转账。

财务科长:金　强　　　　会计:李　环

2014.12.20

实训题 82(2/2)

收　　据

2014 年 12 月 22 日　　　　第 121 号

交款单位　供应科　　交款人　赵　宏

交　　来　差旅费预借款　款

人民币(大写)壹仟柒佰元整　(实际报销 1 500元)　¥　1 700.00

收款单位　　会计主管　金　强　　收款　李　芳

财会记账

实训题 83(3/3)

产 品 出 库 单

凭证编号：11001

用途：自 用　　2014 年 12 月 31 日　　产成品库：一号库

类别	编号	名 称 及 规 格	计量单位	数量	单位成本	总成本	附注：
	25001	A 车床	台	2	24 000	48 000	机加车间作为固定资产使用
合　　计							设备科

二 财务存

记账：　　保管：　　检验：　　制单：

实训题 85(1/2)

普阳市广告业专用发票

发 票 联

№ 000868

客户名称：曙光车床厂　　地址 万福街 88 号　　2014 年 12 月 24 日

项 目	单 位	数 量	单 价	金额 万	千	百	十	元	角	分
广 告					7	5	0	0	0	0
合计人民币（大写）	柒仟伍佰元整			¥	7	5	0	0	0	0

② 发票联

单位(章)　　地址：　　开票人：

实训题 93(1/3)

辅助生产提供用电、劳务数量

2014 年 12 月份

辅助生产车间	铸造车间		机加车间		装配车间		机修车间	厂部	合计
	生产用	管理用	生产用	管理用	生产用	管理用			
供汽		12 500		30 200		26 126		5 000	73 826 (立方米)
配电室	15 000	12 500	60 000	17 500	30 000	13 200	3 000	21 810	173 010 (度)

实训题 96(1/10)

车间制造成本计算单

车间名称：

产品名称：　　　　20　年　月　日　　　　完工产量：

成本项目	月初在产品成本	本月生产费用	费用合计	约当产量	分配率	完工产品成本	月末在产品成本
直接材料							
直接工资							
其他直接支出							
制造费用							
合　计							

制表：

实训题 96(2/10)

车间制造成本计算单

车间名称：

产品名称：　　　　20　年　月　日　　　　完工产量：

成本项目	月初在产品成本	本月生产费用	费用合计	约当产量	分配率	完工产品成本	月末在产品成本
直接材料							
直接工资							
其他直接支出							
制造费用							
合　计							

制表：

实训题 96(3/10)

车间制造成本计算单

车间名称：

产品名称： 20 年 月 日 完工产量：

成本项目	月初在产品成本	本月生产费用	费用合计	约当产量	分配率	完工产品成本	月末在产品成本
直接材料							
直接工资							
其他直接支出							
制造费用							
合 计							

制表：

实训题 96(4/10)

车间制造成本计算单

车间名称：

产品名称： 20 年 月 日 完工产量：

成本项目	月初在产品成本	本月生产费用	费用合计	约当产量	分配率	完工产品成本	月末在产品成本
直接材料							
直接工资							
其他直接支出							
制造费用							
合 计							

制表：

实训题 96(5/10)

车间制造成本计算单

车间名称：

产品名称： 20 年 月 日 完工产量：

成本项目	月初在产品成本	本月生产费用	费用合计	约当产量	分配率	完工产品成本	月末在产品成本
直接材料							
直接工资							
其他直接支出							
制造费用							
合 计							

制表：

实训题 96(6/10)

车间制造成本计算单

车间名称：

产品名称：　　　　　　　　　　20　年　月　日　　　　　　　　完工产量：

成本项目	月初在产品成本	本月生产费用	费用合计	约当产量	分配率	完工产品成本	月末在产品成本
直接材料							
直接工资							
其他直接支出							
制造费用							
合　计							

制表：

实训题 96(7/10)

完工产品制造成本汇总计算表

产品名称：　　　　　　　　　　20　年　月　日　　　　　　　　完工产量：

部　门	直接材料	直接工资	其他直接支出	制造费用	产品总成本	产品单位成本
铸造车间						
机加车间						
装配车间						
产品总成本						
产品单位成本						

制表：

实训题 96(8/10)

完工产品制造成本汇总计算表

产品名称：　　　　　　　　　　20　年　月　日　　　　　　　　完工产量：

部　门	直接材料	直接工资	其他直接支出	制造费用	产品总成本	产品单位成本
铸造车间						
机加车间						
装配车间						
产品总成本						
产品单位成本						

制表：

实训题 96(9/10)

产　品　交　库　单

凭证编号：

交库部门：　　　　　　　　　　　年　月　日　　　　　　　　　　产成品库：

产品类型	产品名称及规格	产品编号	计量单位	实收数量	单位成本	实际成本
合　　计						

记账：　　　　　主管：　　　　　保管：　　　　　交库：

实训题 96(10/10)

产　品　交　库　单

凭证编号：

交库部门：　　　　　　　　　　　年　月　日　　　　　　　　　　产成品库：

产品类型	产品名称及规格	产品编号	计量单位	实收数量	单位成本	实际成本
合　　计						

记账：　　　　　主管：　　　　　保管：　　　　　交库：

实训题 97(1/7)

产品出库单

凭证编号：11002

用途：销售　　　　　　　2014 年 12 月 3 日　　　　　　　产成品库：一号库

类别	编号	名　称　及　规　格	计量单位	数量	单位成本	总成本	附注：
	25001	A 车床	台	10			
合　　计							

二　财务存

记账：　　　　　保管：张　通　　　　　检验：　　　　　制单：

实训题 97(2/7)

产品出库单

凭证编号：11003

用途：销售　　2014年12月3日　　产成品库：二号库

类别	编号	名称及规格	计量单位	数量	单位成本	总成本	附注：
	25002	B车床	台	6			
合计							

二 财务存

记账：　　保管：于洋　　检验：　　制单：

实训题 97(3/7)

产品出库单

凭证编号：11004

用途：销售　　2014年12月6日　　产成品库：一号库

类别	编号	名称及规格	计量单位	数量	单位成本	总成本	附注：
	25001	A车床	台	2			
合计							

二 财务存

记账：　　保管：张通　　检验：　　制单：

实训题 97(4/7)

产品出库单

凭证编号：11005

用途：销售　　2014年12月8日　　产成品库：二号库

类别	编号	名称及规格	计量单位	数量	单位成本	总成本	附注：
	25002	B车床	台	5			
合计							

二 财务存

记账：　　保管：于洋　　检验：　　制单：

实训题 97(5/7)

产 品 出 库 单

凭证编号：11006

用途：销售　　　　2014 年 12 月 15 日　　　　产成品库：一号库

类别	编号	名 称 及 规 格	计量单位	数量	单位成本	总成本	附注：
	25001	A 车床	台	3			
合　　计							

二 财务存

记账：　　　保管：张　通　　　检验：　　　制单：

实训题 97(6/7)

产 品 出 库 单

凭证编号：11007

用途：自用　　　　2014 年 12 月 20 日　　　　产成品库：一号库

类别	编号	名 称 及 规 格	计量单位	数量	单位成本	总成本	附注：
	25001	A 车床	台	2			
合　　计							

二 财务存

记账：　　　保管：张　通　　　检验：　　　制单：

实训题 97(7/7)

产品销售成本计算表

2014 年 12 月 30 日

产品名称	期初结存			本期完工入库			本期销售		
	数量	单位成本	总成本	数量	单位成本	总成本	数量	单位成本	总成本
A 车床									
B 车床									

制表：高艳红　　　　财务科长：金　强

实训题 94

领 料 单

领料部门：供汽车间　　开票日期　2014 年 12 月 30 日　　字第 0905 号

材料编号	材料名称	规格	单位	请领数量	实发数量	计划价格	
						单价	金额
15405	圆钢		吨	3	3	3 000	9 000

用途		领料部门		发料部门	
用途	对外销售	负责人	领料人	核准人	发料人
			金华英		宋 波

②仓库记账后转财会科

实训题 88(1/2)

根据我厂与机床附件厂的联营合同规定，分得税前利润 40 000 元。

财务科长:金 强

2014 年 12 月 25 日

实训题 99

利润分配计算表

20 年 月 日

利润分配项目	分配比例	分配额
提取盈余公积金	10%	
转作奖金利润	5%	
对外分配利润	50%	

制表：

实训题 1(1/2)

普阳市技术贸易专用发票

记　账　联　　　　No 000773

付款单位(人)：平阳机床厂　　开票日期　2014年12月2日

合同项目名称												
合同类别	合同登记号	支付方式	技术交易额	合同成交额								
				百	十	万	千	百	十	元	角	分
丝杠加工技术					¥	4	0	0	0	0	0	0
合计金额（大写）	⊗佰⊗拾肆万零仟零佰零拾零元零角零分											

③ 记账

收款单位(盖章有效)　　收款人：李　芳　　复核人：　　制票人：

实训题 1(2/2)

中国工商银行进账单(回单或收账通知)　1

年　月　日　　　　第　号

收款人	全　称	曙光车床厂	付款人	全　称	平阳机床厂
	账　号	67890135		账　号	9635820
	开户银行	工商银行全安办事处		开户银行	工商银行铁北办事处

人民币（大写）：肆万元整	千	百	十	万	千	百	十	元	角	分
			¥	4	0	0	0	0	0	0

票据种类		
票据张数		
单位主管　会计　复核　记账		收款人开户行盖章

此联是收款人开户行交给收款人的回单或收账通知

实训题2(1/2)

普阳市服务业专用发票
Puyany Service Trades Invoice
发　票　联普地税

(2001)
乙3

No 1498954

付款单位 Payer 曙光车床厂

支票号 Check No.________

服务项目 Item	单位 Unit	数量 Qnty	单价 Cost PerUnit	金额(人民币)Amount 百	十	万	千	百	十	元	角	分	备注 (Notes)
律师费							1	0	0	0	0	0	
人民币金额合计(小写)						¥	1	0	0	0	0	0	
人民币金额大写 Total Amount In Words	⊗拾⊗万壹仟零佰零拾零元零角零分												

二、付款方收执

收款单位(盖章有效) Payee(seal)　　开票人: Filler　　2014年12月2日 Y M D

实训题3

普阳市商业零售统一发票

发　票　联

No000621

客户名称：曙光车床厂　　2014年12月2日

货号	品名及规格	单位	数量	单价	超十万元无效	金额 万	千	百	十	元	角	分
	制图板	张	1	200				2	0	0	0	0
合计金额(大写)	⊗万⊗仟贰佰零拾零元零角零分						¥	2	0	0	0	0
付款方式		开户银行及账号										

2 报销凭证

收款企业(盖章有效)　　收款人：赵东　　开票人：钱欣

实训题 4(1/2)

普阳市报刊发行专用发票

发 票 联

No000815

段别	户名 曙光车床厂
	地址 万福街 88号

自费/公费订阅 日期 12月 2日

报纸代号	报刊名称	订阅份数	起止订购	每份月单份	共计款额						
					万	千	百	十	元	角	分
	城市晚报等	50	2015年1—6月			5	0	0	0	0	0
金额会计(大写):⊗万伍仟零佰零拾零元零角零分					¥	5	0	0	0	0	0

② 报销凭证

收款单位(盖章有效) 收款人:李 刚 开票人:刘 丽

实训题 5(1/2)

普阳市人民医院

住院医疗费结算收据

姓名:刘 勤 2014年 11月 22日 至 14年 12月 2日 共住 10天住院号 760号

医疗费用明细	金额						医疗费用明细	金额						结算明细	金额					
	千	百	十	元	角	分		千	百	十	元	角	分		千	百	十	元	角	分
1. 住院费		8	0	0	0	0	8. 输血费	1	4	0	0	0	0	预交金额						
2. 中草药费							9. 输氧费	1	7	0	0	0	0	结算交款	7	0	0	0	0	0
3. 中成药费							10. 镶装费							结算退款						
4. 西药费							11. 检查治疗费							应收或欠款						
5. 拍片、透视		1	3	0	0	0	12. 接生费		1	5	0	0	0							
6. 化验费		1	2	0	0	0	13.													
7. 手术费	2	7	0	0	0	0	合 计	7	0	0	0	0	0							
人民币(大写)	柒仟零佰零拾零元零角零分																			

收据

取暖期住院费包括取暖费。 经办人:杨 凡 2014年 12月 2日

实训题 6(1/2)

固定资产调拨单

调出单位：重型机械厂

调入单位：曙光车床厂　　　　2014 年 12 月 2 日　　　　调拨单号：

调拨原因或依据		生产急需				调拨方式	有偿		
固定资产名称	规格及型号	单位	数量	预计使用年限	已使用年限	原值	已提折旧	净值	协商价格
万能磨床		台	2	18	5	160 000	12 000	148 000	150 000

调出单位		调入单位		备注：
公章： 财务： 经办：	（公章）	公章： 财务： 经办：	（公章）	

会记主管：金　强　　　　稽核：　　　　制单：宋　华

实训题 7（1/2）

普阳市增值税专用发票

记　账　联

开票日期：2014 年12 月2 日　　　　NO. 080333

购货单位	名称：普阳市机电公司 纳税人识别号：No 868853296437433 地址、电话：上海路17 号17 号 开户行及账号：宽城办事处3367782	密码区	12654856 >2258 加密版本：01 /35125 * 1222 + 122　0369843 42584 + 446242 * 84　454176 /65589 + #23658 * 455　453256

货物或应税劳务名称	规格型号	单位	数量	单价	金额	税率	税额
B 车床		台	6	25 000	150 000.00	17	25 500.00
合　计					¥150 000.00		¥25 500.00
价税合计（大写）	⊗佰壹拾柒万伍仟伍佰零拾零元零角零分				¥175 500.00		

销货单位	名称：曙光车床厂 纳税人识别号：No 706359228412568 地址、电话：万福街　88 号 开户行及账号：全安办事处67890135	备注	

第四联：记账联

收款人李芳　　　　开票单位（未盖章无效）

实训题 7(2/2)

中国工商银行进账单(回单或收账通知) 1

第　　号

<table>
<tr><td rowspan="3">收款人</td><td>全　称</td><td>曙光车床厂</td><td rowspan="3">付款人</td><td>全　称</td><td>普阳市机电公司</td></tr>
<tr><td>账　号</td><td>67890135</td><td>账　号</td><td>3367782</td></tr>
<tr><td>开户银行</td><td>工商银行全安办事处</td><td>开户银行</td><td>工商银行宽城办事处</td></tr>
<tr><td colspan="5">人民币(大写)：壹拾柒万伍仟伍佰元整</td><td>千 百 十 万 千 百 十 元 角 分
¥ 1 7 5 5 0 0 0 0</td></tr>
<tr><td colspan="2">票据种类</td><td></td><td colspan="3" rowspan="3">收款人开户行盖章</td></tr>
<tr><td colspan="2">票据张数</td><td></td></tr>
<tr><td colspan="3">单位主管　会计　复核　记账</td></tr>
</table>

此联是收款人开户行交给收款人的回单或收账通知

实训题 8

上海证券中央登记清算公司

成交过户交割凭单　买

021202

股东编号：	8333	成交证券：	中天科技
电脑编号：	7756	成交数量：	10 000
公司编号：	349	成交价格：	11.20
申请编号：	487	成交金额：	112 000
申报时间：	9:20	标准佣金：	300
成交时间：	10:48	过户费用：	10
上次余额：	0(股)	印花税：	290
本次成交：	10000(股)	应收金额：	
本次余额：	10000(股)	附另费用：	0.00
本次库存：		实付金额：	112 600

③通知联

经办单位：________　　客户签章：曙光车床厂　日期 2014 年 12 月 2 日

实训题 9(1/3)

普阳市增值税专用发票

发　票　联

开票日期:2014 年12 月2 日　　　　NO. 572410

购货单位	名称:曙光车床厂 纳税人识别号:No 706359228412568 地址、电话:万福街88 号 开户行及账号:全安办事处67890135	密码区	12654856 >2258 加密版本:01 /35125 * 1222 + 122　0369843 42584 + 446242 * 84　454176 /65589 + #23658 * 455　453256

货物或应税劳务名称	规格型号	单位	数量	单价	金额	税率	税额
φ60 圆钢		吨	5	4 800	24 000.00	17	4 080.00
合　计					¥24 000.00		¥4 080.00
价税合计(大写)	⊗佰⊗拾贰万捌仟零佰捌拾零元零角零分				¥28 080.00		

销货单位	名称:商州钢铁公司 纳税人识别号:No 876953227246138 地址、电话:太阳路　69 号 开户行及账号:铁西办事处4296713	备注	

收款人　　　　开票单位(未盖章无效)

第二联:发票联

实训题 9(3/3)

中国工商银行电汇凭证(回单)　1

委托日期　2014 年 12 月 2 日　　　　第　　号

汇款人	全　称	商州钢铁公司	收款人	全　称	曙光车床厂
	账　号 或住址	铁西办事处　4296713		账　号 或住址	67890135
	汇出地点	辽宁省商州市县　汇出行名称：工商银行		汇入地点	吉林省普阳市县　汇入行名称：工商银行

金额	人民币(大写):壹仟零贰拾元整	千	百	十	万	千	百	十	元	角	分
					¥	1	0	2	0	0	0

汇款用途:采购剩余款	汇出行盖章
上列款项已根据委托办理,如须查询,请持此回单来行面洽。 单位主管　会计　复核　记账	2014 年 12 月 6 日

此联是汇出银行给汇款人的回单

实训题 10

普阳市商业零售统一发票

No000621

发　票　联

客户名称：曙光车床厂　　　　2014年12月2日

货号	品名及规格	单位	数量	单价	超十万元无效	万	千	百	十	元	角	分
	钢笔	支	30	5.00				1	5	0	0	0
	圆珠笔	支	40	4.00				1	6	0	0	0
合计金额（大写）	⊗万⊗仟叁佰壹拾零元零角零分						¥	3	1	0	0	0
付款方式		开户银行及账号										

2 报销凭证

收款企业(盖章有效)　　　　收款人：齐放　　　　开票人：安江

实训题 11

中国工商银行全安办事行/处贷款利息凭证

2014年12月2日

收款单位			付款单位		
收款单位	账号	366	付款单位	账号	67890135
	户名	工商银行		户名	曙光车床厂
	开户银行	全安办事处		开户银行	全安办事处
积数：1 500 000		利率：		利息 50 000	
________户第四季度利息			科目 ________ 对方科目 ________ 复核员：　　记账员：		

付款凭证

实训题 12(1/4)

普阳市增值税专用发票

记　账　联

开票日期:2014 年12 月2 日　　　　NO. 080334

购货单位	名称:吉林机电公司 纳税人识别号:No 896332784460228 地址、电话:自由大路108 号 开户行及账号:自由大路办事处3972776	密码区	12654856 >2258 加密版本:01 /35125 ∗ 1222 +122　0369843 42584 +446242 ∗ 84　454176 /65589 + #23658 ∗ 455　453256

货物或应税劳务名称	规格型号	单位	数量	单价	金额	税率	税额
A 车床		台	10	40 000	400 000.00	17	68 000.00
合　计					¥400 000.00		¥68 000.00
价税合计(大写)	⊗佰肆拾陆万捌仟零佰零拾零元零角零分				¥468 000.00		

销货单位	名称:曙光车床厂 纳税人识别号:No 706359228412568 地址、电话:万福街　88 号 开户行及账号:全安办事处67890135	备注	

第四联:记账联

收款人李芳　　　　开票单位(未盖章无效)

实训题 12(3/4)

邮

中国工商银行托收承付凭证 (回单)　1

第　　号

委托日期:20　年　月　日　　　　托收号码:

付款人	全　称		收款人	全　称		
	账号或地址			账　号		
	开户银行			开户银行		行号

托收金额	人民币(大写):	千	百	十	万	千	百	十	元	角	分

附件		商品发运情况	合同名称号码
附寄单证张数或册数			

备注:	款项收妥日期 20　年　月　日	(收款人开户银行盖章) 月　日

单位主管:　　会计:　　复核:　　记账:

此联收款人开户银行给收款人的回单

实训题 **13**(1/2)

普阳市增值税专用发票

发　票　联

开票日期:2014 年12 月2 日　　　　NO. 432010

购货单位	名称:曙光车床厂 纳税人识别号:No 706359228412568 地址、电话:万福街88 号 开户行及账号:全安办事处67890135	密码区	12654856 >2258 加密版本:01 /35125 * 1222 + 122　0369843 42584 + 446242 * 84　454176 /65589 + #23658 * 455　453256

货物或应税劳务名称	规格型号	单位	数量	单价	金额	税率	税额
ϕ60 圆钢		吨	25	3 280	82 000.00	17	13 940.00
合　计					¥82 000.00		¥13 940.00
价税合计(大写)	⊗佰⊗拾玖万伍仟玖佰肆拾零元零角零分				¥95 940.00		

销货单位	名称:阳州钢铁厂 纳税人识别号:No 767328994320716 地址、电话:团结路　48 号 开户行及账号:工商银行办事处2296371	备注	

收款人　　　　开票单位(未盖章无效)

第二联:发票联

实训题 **17**(1/2)

固定资产转移单

捐赠单位:宏达公司

接受单位:曙光车床厂　　　　2014 年 12 月 2 日　　　　调拨单号:0054

调拨原因或依据		生产急需				调拨方式	有　偿	
固定资产名称	规格及型号	单位	数量	预计使用年限	已使用年　限	原　值	已提折旧	净　值
刨床		台	2	18		$ 30 000.00		

捐赠单位 公章: 财务:陈　玉 经办:李　辉	(公章)	接受单位 公章: 财务:金　强 经办:关　军	(公章)

会计主管:　王守华　　　　稽核:　　　　制单:

实训题 17(2/2)

普阳会计师事务所文件

普会 [2014] 字第 125 号

资产评估报告

曙光车床厂：

我所受贵单位的委托，依据《中华人民共和国国有资产评估办法》、《中华人民共和国注册会计师法》和《工业企业会计制度》等的规定，对贵厂接受宏达公司捐赠的刨床 2 台进行评估。原始价值 30 000 美元，当日汇率 8.50，固定资产按现行市价确定价值为 255 000 元(含税价)。

评估员：王　军　　　　普阳会计师事务所

中国注册会计师：张凡立　　　　2014 年 12 月 2 日

实训题 18(1/3)

大连市增值税专用发票

发　票　联

开票日期：2014 年11 月28 日　　　　NO. 329101

购货单位	名称：曙光车床厂 纳税人识别号：No 706359228412568 地址、电话：万福街88 号 开户行及账号：全安办事处67890135			密码区	12654856 >2258 加密版本：01 /35125 * 1222 +122　0369843 42584 +446242 * 84　454176 /65589 + #23658 * 455　453256		
货物或应税劳务名称	规格型号	单位	数量	单价	金额	税率	税额
起重机		台	1	28 500	28 500.00	17	4 845.00
合计					¥28 500.00		¥4 845.00
价税合计(大写)	⊗佰⊗拾叁万叁仟叁佰肆拾伍元零角零分				¥33 345.00		
销货单位	名称：大连市起重机厂 纳税人识别号：No 40056217146251 地址、电话：沙河口区　35 号 开户行及账号：沙河口办事处8362157			备注			

第二联：发票联

收款人　　　　开票单位(未盖章无效)

实训题 18(2/3)

大连市工业企业统一发票

发 票

购货单位 曙光车床厂　　　　　　　　　　　　　2014 年 12 月 3 日

货号	品名规格或加工修理	计量单位	数量	单价	金额 十	万	千	百	十	元	角	分	备注
	安装费						1	7	2	0	0	0	
合计人民币（大写）:壹仟柒佰贰拾元整						¥	1	7	2	0	0	0	

②发票联

企业(盖章)

地　址　　　　　　　　财务:　　　　　　　　开票:闵　敏

实训题 18(3/3)

中国工商银行信汇凭证(回单)　1

委托日期　　年　　月　　日　　　　　　　第　　号

汇款人	全　称		收款人	全　称	
	账　号 或住址			账　号 或住址	
	汇　出 地　点	省　　市 　　　县　汇出行名称		汇　入 地　点	省　　市 　　　县　汇入行名称
金额	人民币 (大写):		千 百 十 万 千 百 十 元 角 分		
汇款用途:			汇出行盖章		

上列款项已根据委托办理,如须查询,请持此回单来行面洽。

单位主管　　会计　　复核　　记账

年　　月　　日

此联是汇出银行给汇款人的回单

实训题 19(2/2)

开化市增值税专用发票

发 票 联

开票日期:2014 年12 月3 日　　　　NO. 080335

购货单位	名称:曙光车床厂 纳税人识别号:No 706359228412568 地址、电话:万福街88 号 开户行及账号:全安办事处67890135	密码区	12654856 >2258 加密版本:01 /35125 * 1222 +122　0369843 42584 +446242 * 84　454176 /65589 + #23658 * 455　453256

货物或应税劳务名称	规格型号	单位	数量	单价	金额	税率	税额
318 型轴承		套	400	275	110 000.00	17	18 700.00
合计					¥110 000.00		¥18 700.00
价税合计(大写)	⊗佰壹拾贰万捌仟柒佰零拾零元零角零分				¥128 700.00		

销货单位	名称:开化轴承厂 纳税人识别号:No 126411542573909 地址、电话:五一路　48 号 开户行及账号:五一路办事处33288	备注	

第二联:发票联

收款人李飞　　　　开票单位(未盖章无效)

实训题 20(1/2)

贷款凭证(3)(收账通知)

总字第 8010 号

字第 120 号

2014年 12月 3日

贷款单位名称	曙光车床厂	种类	流动资金贷款	贷款户账号	67890135

金额	人民币(大写):壹拾肆万元整	千	百	十	万	千	百	十	元	角	分
			¥	1	4	0	0	0	0	0	0

用途		期限	利率
生产周转	单位申请期限	自 14 年 11 月 1 日起至 14 年 11 月 30 日止	10.89%
	银行核定期限	自 14 年 11 月 1 日起至 14 年 11 月 30 日止	

上列贷款已核准发放 流动资金 贷款。
并已转收你单位 全安办事处 67890135 账号账户。

银行签章　2014 年 12 月 3 日

单位会计分录
收入................
付出................
复核　　记账
主管　　会计

实训题 21(2/2)

(3 日收款)

中国工商银行进账单(回单或收账通知) 1

第　　号

收款人	全称	曙光车床厂	付款人	全称	宏新开发公司
	账号	67890135		账号	2006154
	开户银行	全安办事处		开户银行	永丰办事处

		千	百	十	万	千	百	十	元	角	分
人民币(大写)	伍拾贰万元整		¥	5	2	0	0	0	0	0	0

票据种类		
票据张数		
单位主管　会计　复核　记账		收款人开户行盖章

此联是收款人开户行交给收款人的回单或收账通知

实训题 22(1/3)

普阳市增值税专用发票

记　账　联

开票日期:2014 年12 月4 日　　　　NO. 080336

购货单位	名称:沈阳机电公司 纳税人识别号:No 625768172194825 地址、电话:和平区太原街8 号 开户行及账号:太原办事处0862516	密码区	12654856 >2258 加密版本:01 /35125 * 1222 +122　0369843 42584 +446242 * 84　454176 /65589 + #23658 * 455　453256

货物或应税劳务名称	规格型号	单位	数量	单价	金额	税率	税额
B 车床		台	2	28 000	56 000.00	17	9 520.00
合　计					¥56 000.00		¥9 520.00
价税合计(大写)	⊗佰⊗拾陆万伍仟伍佰贰拾零元零角零分				¥65 520.00		

销货单位	名称:曙光车床厂 纳税人识别号:No 706359228412568 地址、电话:万福街　88 号 开户行及账号:全安办事处67890135	备注	

收款人李芳　　　　开票单位(未盖章无效)

第四联:记账联

实训题 22(3/3)

中国工商银行信汇凭证(回单) 1

委托日期　　年　　月　　日　　　　第　　号

汇款人	全　称			收款人	全　称			
	账　号 或住址				账　号 或住址			
	汇　出 地　点	省　市 县	汇出行 名　称		汇　入 地　点	省　市 县	汇入行 名　称	

金额	人民币(大写):	千	百	十	万	千	百	十	元	角	分

汇款用途:	汇出行盖章
上列款项已根据委托办理,如须查询,请持此回单来行面洽。	
单位主管　　会计　　复核　　记账	年　　月　　日

此联是汇出银行给汇款人的回单

实训题 23(1/2)

普阳市商业零售统一发票

No000621

发　票　联

客户名称:曙光车床厂　　　　2014年12月4日

货　号	品名及规格	单　位	数　量	单　价	超十万元无效	万	千	百	十	元	角	分
	计算器	个	20	121.00			2	4	2	0	0	0
	笔记本	本	10	8.00					8	0	0	0
合计金额(大写)	⊗万贰仟伍佰零拾零元零角零分					¥	2	5	0	0	0	0
付款方式	转账	开户银行及账号										

收款企业(盖章有效)　　收款人:张娟　　开票人:景然

2 报销凭证

实训题 25

中国工商银行信汇凭证（收账通知或取款收据） 4

第18500号

委托日期 2014年12月5日　　应解汇款编号：

汇款人	全　称	南方机电公司			收款人	全　称	曙光车床厂		
	账　号或住址	1840051				账　号或住址	67890135		
	汇　出地　点	广西省永新市县	汇出行名　称	华美办事处		汇　入地　点	辽宁省普阳市县	汇入行名　称	全安办事处
金额	人民币（大写）：肆拾万元整							千百十万千百十元角分	¥40000000
汇款用途：偿还货款						留行待取预留收款人印鉴			

上列款项已根据委托办理，如须查询，请持此回单来行面洽。 汇入行盖章 年　月　日	上列款已照收无误 收款人盖章 2014年12月5日	科目（借）.......... 对方科目（贷） 汇入行解汇日期　年　月　日 复核　记账　出纳

此联是给收款人的收账通知或代取款收据

业务 26（2/2）

中华人民共和国税收通用缴款书（2010）

隶属关系：　　吉地电缴 NO. 0206405

经济类型：国有联营企业　　填发日期：2014年12月5日　　收入机关：市税务局

缴款单位	代　码	8265	预算科目	编　码	
	全　称	曙光车床厂		名　称	
	开户银行	全安办事处		级　次	市级
	账　户	67890135	收款国库		市国库
税款所属时期：2014年6月1日			税款限缴日期：2014年12月31日		

税种/税目	计税金额	税　率	税　额
房产税		1.2%	21 300
土地使用税		0.8	14 400
金额合计（大写）	叁万柒仟贰佰陆拾伍元整		¥37 265.00 元
缴款单位（盖章） 经办人	税务机关（盖章） 填票人	上列款项已收妥并划转收款单位账户 国库（银行）　盖章 年　月　日	备　注

实训题 **27**(1/2)

普阳市增值税专用发票

发 票 联

开票日期:2014 年12 月6 日 NO. 6329371

购货单位	名称:曙光车床厂 纳税人识别号:No 706359228412568 地址、电话:万福街88 号 开户行及账号:工行银行全安办事处67890135			密码区	12654856 >2258 加密版本:01 /35125 * 1222 +122 0369843 42584 +446242 * 84 454176 /65589 + #23658 * 455 453256		
货物或应税劳务名称	规格型号	单位	数量	单价	金额	税率	税额
劳保鞋		双	50	32.5	1 625.00	17	276.25
耐热手套		付	10	4.50	45.00	17	7.65
合 计					¥1 670.00		¥283.90
价税合计(大写)	⊗佰⊗拾⊗万壹仟玖佰伍拾叁元玖角零分				¥1 953.90		
销货单位	名称:劳保用品商店 纳税人识别号:No 86245317662981 地址、电话:开源街 5 号 开户行及账号:工商银行开源办事处33288				备注		

收款人刘佳 开票单位(未盖章无效)

第二联:发票联

实训题 **28**(1/2)

普阳市增值税专用发票

记 账 联

开票日期:2014 年12 月6 日 NO. 080337

购货单位	名称:大连重型机械厂 纳税人识别号:No 846259384139755 地址、电话:青泥洼街30 号 开户行及账号:工商银行站前办事处8625143			密码区	12654856 >2258 加密版本:01 /35125 * 1222 +122 0369843 42584 +446242 * 84 454176 /65589 + #23658 * 455 453256		
货物或应税劳务名称	规格型号	单位	数量	单价	金额	税率	税额
A 车床		台	2	42 300	84 600.00	17	14 382.00
合 计					¥84 600.00		¥14 382.00
价税合计(大写)	⊗佰⊗拾玖万捌仟玖佰捌拾贰元零角零分				¥98 982.00		
销货单位	名称:曙光车床厂 纳税人识别号:No 706359228412568 地址、电话:万福街 88 号 开户行及账号:工商银行全安办事处67890135				备注		

收款人李芳 开票单位(未盖章无效)

第四联:记账联

实训题 28(2/2)

商业承兑汇票(存　根)

ⅣⅨ 6432775

签发日期　　年　　月　　日　　　　3　第　　号

收款人	全　称			付款人	全　称			
	账　号				账　号			
	开户银行		行号		开户银行		行号	
汇票金额	人民币(大写):						千百十万千百十元角分	
汇票到期日	年　月　日			交易合同号码				
备注: 本汇票已经本单位承兑,到期日无条件支付票据款。此致 付款人 付款人盖章				负责　　经办				

此联签发人存查

实训题 29(1/2)

普阳市增值税专用发票

发　票　联

开票日期:2014 年12 月6 日　　　　NO. 375672

购货单位	名称:曙光车床厂 纳税人识别号:No 706359228412568 地址、电话:万福街88 号 开户行及账号:工商银行全安办事处67890135	密码区	12654856 >2258 加密版本:01 /35125 ∗1222 +122　0369843 42584 +446242 ∗84　454176 /65589 + #23658 ∗455　453256

货物或应税劳务名称	规格型号	单　位	数　量	单　价	金　额	税　率	税　额
润滑油		千克	100	3. 8	380. 00	17	64. 60
合　计					¥380. 00		¥64. 60
价税合计(大写)	⊗佰⊗拾⊗万⊗仟肆佰肆拾肆元陆角零分				¥444. 60		

销货单位	名称:锦江市物资公司 纳税人识别号:No 820067122592605 地址、电话:治江街　6 号 开户行及账号:开发区办事处8425163	备注	

收款人李芳　　　　开票单位(未盖章无效)

第二联:发票联

实训题 31

贴现凭证(收账通知) 4

填写日期 2014 年 12 月 7 日　　　　第　　号

申请人	全　　称	曙光车床厂	贴现汇票	种　类	商业承兑汇票	号码
	账　　号	67890135		发票日	2010 年 10 月 10 日	
	开户银行	工商银行全安办事处		到期日	2011 年 3 月 10 日	
汇票承兑人(或银行)	名称	北方机电公司	账号	82156	开户银行	和平路办事处

汇票金额(即贴现金额)	人民币(大写)：柒万玖仟贰佰元整	千	百	十	万	千	百	十	元	角	分
				¥	7	9	2	0	0	0	0

贴现率 每 年	8.3%	贴现利息	千	百	十	万	千	百	十	元	角	分	实付现金额	千	百	十	万	千	百	十	元	角	分
						¥	1	6	4	3	4	0				¥	7	7	5	5	6	6	0

上述款项已入你单位账户。 此致 银行盖章 年　　月　　日	备注：

此联银行给贴现申请人的收账通知

实训题 34(1/3)

普阳市增值税专用发票

发 票 联

开票日期:2014 年12 月8 日　　　　NO. 8912012

购货单位	名称:曙光车床厂 纳税人识别号:No 706359228412568 地址、电话:万福街88 号 开户行及账号:工商银行全安办事处67890135				密码区	12654856 >2258 加密版本:01 /35125 * 1222 + 122　0369843 42584 +446242 * 84　454176 /65589 + #23658 * 455　453256	
货物或应税劳务名称	规格型号	单　位	数　量	单　价	金　额	税　率	税　额
D318 轴承		套	100	335	33 500.00	17	5 695.00
合　计					¥33 500.00		¥5 695.00
价税合计(大写)	⊗佰⊗拾叁万玖仟壹佰玖拾伍元零角零分				¥39 195.00		
销货单位	名称:哈尔滨轴承厂 纳税人识别号:No 821100425196755 地址、电话:林大路　225 号 开户行及账号:工商银行新华办事处8462151				备注		

收款人李芳　　　　开票单位(未盖章无效)

第二联：发票联

实训题34(3/3)

付款期
壹个月

中国工商银行

银行汇票（多余款 收账通知）4

汇票号码 第 号

签发日期（大写）贰零壹肆年 月 日

兑付地点： 兑付行： 行号：												
收款人：普阳市曙光车床厂	账号或地址：工商银行全安办事处 67890135											
汇款金额人民币（大写）：肆万肆仟元整												
实际结算金额	人民币（大写）：肆万贰仟壹佰玖拾伍元整	千	百	十	万	千	百	十	元	角	分	
				¥	4	2	1	9	5	0	0	

此联签发行结清后交汇款人

汇款人：______ 账号或地址：______

签发行：______ 行号：______

汇款用途：______

签发行盖章 年 月 日

多余金额									
百	十	万	千	百	十	元	角	分
		¥	1	8	0	5	0	0

左列退回多余金额已收入你帐户内。

账务主管金强 复核 经办李芳

实训题37(1/2)

中国工商银行汇票委托书（存 根）1

委托日期 2014年 12月 9日 第 号

汇款人	曙光车床厂			收款人	抚顺煤矿
账号或住址	67890135			账号或住址	1800561
兑付地点	省 市/县	兑付行	工商行	汇款用途	购煤
汇款金额	人民币（大写）	陆仟柒佰陆拾柒元整		千百十万千百十元角分	¥676700

此联由汇款人留存作记账凭证

备 注

科 目 ……………………

对方科目 ……………………

财务主管 复核 经办

实训题 38(2/3)

普阳市工业企业专用发票

发 票 联

第 0071680 号

购货单位

(全称):曙光车床厂　　　　2014年 12月 9日

编号	产品名称(项目)	规格	件数	单位	数量	单价		金额 百	十	万	千	百	十	元	角	分
	劳务支出									¥	9	2	0	0	0	0
人民币合计(大写)	玖仟贰佰元整															

开户银行账号	工行永丰办事处 2815762	结算方式	转账	合同		提货地点	
备注	供汽车间接受劳务						

第二联 发票

企业盖章:　　　　会计:于力华　　　　复核:　　　　制单:

实训题 39(1/2)

普阳市增值税专用发票

发 票 联

开票日期:2014 年12 月10 日　　　　NO. 404567

购货单位	名称:曙光车床厂 纳税人识别号:No 706359228412568 地址、电话:万福街 88 号 开户行及账号:工商银行全安办事处67890135	密码区	12654856 >2258 加密版本:01 /35125 * 1222 +122　0369843 42584 +446242 * 84　454176 /65589 + #23658 * 455　453256

货物或应税劳务名称	规格型号	单位	数量	单价	金额	税率	税额
煤		吨	30	170	5 100.00	17	867.00
合计					¥5 100.00		¥867.00
价税合计(大写)	⊗佰⊗拾⊗万伍仟玖佰陆拾柒元零角零分				¥5 967.00		

销货单位	名称:抚顺煤矿 纳税人识别号:No 562110101593629 地址、电话:花园街　10 号 开户行及账号:工商银行昌华办事处1800561	备注	

第二联:发票联

收款人　　　　开票单位(未盖章无效)

实训题 39(2/2)

抚顺市公路货运收费发票

发　票　联

工商银行工商行卫星办事处　　　　9273650

帐　　号 826　　　　2014 年 12 月 10 日　　　　协议、合同运价无效

托运单位	抚顺煤矿	受理单位	抚顺货运公司	受理编号	字　号
装货地点	抚顺煤三分厂	承运单位	一队	运输合同	字　号
卸货地点	普阳市曙光车床厂	计吨办法		计费里程	（公里）

货物名称	件数	包装	规格	托运重量	货物等级	计费运输量		费率			金额						
						运量	周转量	空驶运率	运价率	比价率	万	千	百	十	元	角	分
煤				30 吨									8	0	0	0	0

包车原因		包车费率	
加减成条件		加减成 ± %	
合计金额（大写）	捌佰元整	合　计	¥80000

制票单位：　　　　制票人：　　　　复核：　　　　收费章：

第二联　运费收据托运单位报销凭证

实训题 40

中国工商银行托收承付凭证（收账通知）　4

第　　号

托收号码：

邮

委托日期　2014 年 12 月 10 日

承付期限
到期 20　年　月　日

付款人		收款人	
全　称	吉林机电公司	全　称	普阳市曙光车床厂
账号或地址	3972776	账号或地址	67890135
开户银行	自由大路办事处	开户银行	全安办事处　行号

托收金额	人民币（大写）	千	百	十	万	千	百	十	元	角	分
	：肆拾柒万壹仟元整		¥	4	7	1	0	0	0	0	0

附件		商品发运情况	合同名称号码
附寄单证张数或册数	4	铁路	851

备注：	上列项款已由付款人开户行全额划回并收入你方账户内。 此致 收款人 （收款人开户行盖章）　月　日	科目 .... 对方科目 .... 转账 20　年　月　日 单位主管　　会计 复核　　记账

付款人开户行收到日期 20　年　月　日　　　　支付日期 20　年　月　日

此联是收款人开户银行在款项收妥后给收款人的收账通知

实训题 41(1/2)

中国工商银行进账单(回单或收账通知) 1

第　　号

<table>
<tr><td rowspan="3">收款人</td><td>全　称</td><td>曙光车床厂</td><td rowspan="3">付款人</td><td>全　称</td><td>普阳市乡镇企业公司</td></tr>
<tr><td>账　号</td><td>67890135</td><td>账　号</td><td>8675397</td></tr>
<tr><td>开户银行</td><td>全安办事处</td><td>开户银行</td><td>开源办事处</td></tr>
<tr><td colspan="5">人民币(大写)：贰万柒仟元整</td><td>千 百 十 万 千 百 十 元 角 分
¥ 2 7 0 0 0 0 0</td></tr>
<tr><td colspan="2">票据种类</td><td></td><td colspan="3" rowspan="3">收款人开户行盖章</td></tr>
<tr><td colspan="2">票据张数</td><td></td></tr>
<tr><td colspan="3">单位主管　会计　复核　记账</td></tr>
</table>

此联是收款人开户行交给收款人的回单或收账通知

实训题 41(2/2)

固定资产调拨单

调出单位：普阳市曙光车床厂

调入单位：普阳市乡镇企业公司　　2014 年 12 月 10 日　　调拨单号：

<table>
<tr><td colspan="2">调拨原因或依据</td><td colspan="4">生产急需</td><td>调拨方式</td><td colspan="4">有　偿</td></tr>
<tr><td>固定资产名称</td><td>规格及型号</td><td>单位</td><td>数量</td><td>预计使用年限</td><td>已使用年　限</td><td>原　值</td><td>已提折旧</td><td>净　值</td><td>协商价格</td></tr>
<tr><td>磨齿机</td><td>(不需用)</td><td></td><td></td><td>18</td><td>6</td><td>39 000</td><td>15 000</td><td>24 000</td><td>27 000</td></tr>
<tr><td></td><td></td><td></td><td></td><td></td><td></td><td></td><td></td><td></td><td></td></tr>
<tr><td></td><td></td><td></td><td></td><td></td><td></td><td></td><td></td><td></td><td></td></tr>
<tr><td>调出单位</td><td colspan="3" rowspan="2">(公章)</td><td colspan="3">调入单位</td><td colspan="2" rowspan="2">(公章)</td><td rowspan="2">备注：</td></tr>
<tr><td>公章：
财务：
经办：</td><td colspan="3">公章：
财务：
经办：</td></tr>
</table>

会记主管：　　稽核：　　制单：

实训题 42(2/2)

中国工商银行进账单(回单或收账通知) 1

第　　号

收款人	全　称	曙光车床厂	付款人	全　称	普阳市机床经销公司	
	账　号	67890135		账　号	86984273	
	开户银行	全安办事处		开户银行	全安办事处	
人民币(大写)：捌仟肆佰元整					千百十万千百十元角分	¥840000
票据种类						
票据张数						
单位主管　会计　复核　记账			收款人开户行盖章			

此联是收款人开户行交给收款人的回单或收账通知

实训题 43(1/2)

投资银行有价证券代保管单

No892743

申请保管人	曙光车床厂	单位及电话	8932716	保管明细表			
面值总额	(大写)：伍拾万元整	十万千百十元角分	50000000	名　称	张数	面值	
保管期限	自 2014 年 12 月 10 日至 2016 年 12 月 10 日止			普阳市房屋开发总公司企业债券	10 000	50	
保管费率‰		保管费					
备注 1. 一年为一个保管期，不足一年按一年收费，逾期时间按一年算。 2. 本保管单不得流通、抵押、转让。 3. “名称”栏内应注意何种债券及具体发债单位。 4. 提取证券时凭身份证办理。		受托单位： (盖章) 经办员 复核员：					

④领取保管券凭证

实训题 44（1/2）

普阳市增值税专用发票

发　票　联

开票日期：2014 年12 月10 日　　　　NO. 4392760

购货单位	名称：曙光车床厂 纳税人识别号：No 706359228412568 地址、电话：万福街 88 号 开户行及账号：全安办事处67890135	密码区	12654856 >2258 加密版本：01 /35125 * 1222 + 122　0369843 42584 + 446242 * 84　454176 /65589 + #23658 * 455　453256

货物或应税劳务名称	规格型号	单位	数量	单价	金额	税率	税额
电冰柜		台	2	23 00	4 600.00	17	782.00
电烤箱		台	1	1 450	1 450.00	17	246.50
合　计					¥6 050.00		¥1 028.50
价税合计（大写）	⊗佰⊗拾⊗万柒仟零佰柒拾捌元伍角零分				¥7 078.50		

销货单位	名称：普阳市家电公司 纳税人识别号：No 39006127597156 地址、电话：珠江路 24 号 开户行及账号：振兴办事处8425163	备注	

第二联：发票联

收款人　　　　开票单位（未盖章无效）

实训题 46（2/4）

普阳市增值税专用发票

记　账　联

开票日期：2014 年12 月10 日　　　　NO. 080338

购货单位	名称：物资回流公司 纳税人识别号：No 621008546372915 地址、电话：振兴街2 号 开户行及账号：元丰办事处67890135	密码区	12654856 >2258 加密版本：01 /35125 * 1222 + 122　0369843 42584 + 446242 * 84　454176 /65589 + #23658 * 455　453256

货物或应税劳务名称	规格型号	单位	数量	单价	金额	税率	税额
废旧材料					9 000.00	17	1 530.00
合　计					¥9 000.00		¥1 530.00
价税合计（大写）	⊗佰⊗拾壹万零仟伍佰叁拾零元零角零分				¥10 530.00		

销货单位	名称：曙光车床厂 纳税人识别号：No 706359228412568 地址、电话：万福街 88 号 开户行及账号：工商银行全安办事处 67890135	备注	

第四联：记账联

收款人李芳　　　　开票单位（未盖章无效）

实训题 46(3/4)

中国工商银行进账单(回单或收账通知) 1

第　　号

<table>
<tr><td rowspan="3">收款人</td><td>全　称</td><td>曙光车床厂</td><td rowspan="3">付款人</td><td>全　称</td><td>物资回收公司</td></tr>
<tr><td>账　号</td><td>67890135</td><td>账　号</td><td>2006151</td></tr>
<tr><td>开户银行</td><td>全安办事处</td><td>开户银行</td><td>永丰办事处</td></tr>
<tr><td colspan="5">人民币(大写)：壹万零伍佰叁拾元整</td><td>千 百 十 万 千 百 十 元 角 分
¥ 1 0 5 3 0 0 0</td></tr>
<tr><td colspan="2">票据种类</td><td></td><td colspan="3" rowspan="3">收款人开户行盖章</td></tr>
<tr><td colspan="2">票据张数</td><td></td></tr>
<tr><td colspan="3">单位主管　会计　复核　记账</td></tr>
</table>

此联是收款人开户行交给收款人的回单或收账通知

实训题 47(2/2)

普阳会计师事务所文件

普会 [2014] 字第 201 号

★

资产评估报告

曙光车床厂：

我所受贵单位的委托，依据《中华人民共和国国有资产评估办法》、《中华人民共和国注册会计师法》和《工业企业会计制度》等的规定，对贵厂接受机床附件厂投入的万能铣床 1 台进行评估。原始价值 45 000 元，已提折旧 7 500 元，固定资产按净值评估确定价值为 36 000 元。

评估员：王　军　　　　　　普阳会计师事务所

中国注册会计师：张凡立　　　　2014 年 12 月 11 日

实训题 48(1/2)

中国工商银行电汇凭证(回单)　1

委托日期　2014 年 12 月 11 日　　　　第　　号

<table>
<tr><td rowspan="3">汇款人</td><td>全　称</td><td colspan="3">普阳市曙光车床厂</td><td rowspan="3">收款人</td><td>全　称</td><td colspan="3">上海钢铁厂</td></tr>
<tr><td>账　号
或住址</td><td colspan="3">67890135</td><td>账　号
或住址</td><td colspan="3">72100546</td></tr>
<tr><td>汇　出
地　点</td><td>辽宁省普阳市县</td><td>汇出行
名　称</td><td>全安办事处</td><td>汇　入
地　点</td><td>省上海市县</td><td>汇入行
名　称</td><td>浦口办事处</td></tr>
<tr><td>金额</td><td colspan="8">人民币
(大写)：贰拾捌万陆仟元整</td><td>千百十万千百十元角分
¥ 2 8 6 0 0 0 0 0</td></tr>
<tr><td colspan="5">汇款用途:偿还货款</td><td colspan="5" rowspan="3">汇出行盖章

2014 年 12 月 11 日</td></tr>
<tr><td colspan="5">上列款项已根据委托办理,如须查询,请持此回单来行面洽。</td></tr>
<tr><td colspan="5">单位主管　　会计　王力　复核　　记账</td></tr>
</table>

此联是汇出银行给汇款人的回单

实训题 49(1/4)

普阳市增值税专用发票

记　账　联

开票日期:2014 年12 月12 日　　　　NO. 080339

<table>
<tr><td>购货单位</td><td colspan="4">名称:普阳市外贸公司
纳税人识别号:No 862515110864675
地址、电话:青平大街28 号
开户行及账号:工商银行光源办事处8421161</td><td>密码区</td><td colspan="3">12654856 >2258 加密版本:01
/35125 * 1222 +122　0369843
42584 +446242 * 84　454176
/65589 + #23658 * 455　453256</td></tr>
<tr><td>货物或应税劳务名称</td><td>规格型号</td><td>单　位</td><td>数　量</td><td>单　价</td><td>金　额</td><td>税　率</td><td>税　额</td></tr>
<tr><td>B 车床</td><td></td><td>台</td><td>5</td><td>22 500</td><td>112 500.00</td><td>17</td><td>19 125.00</td></tr>
<tr><td>合　计</td><td></td><td></td><td></td><td></td><td>¥112 500.00</td><td></td><td>¥19 125.00</td></tr>
<tr><td>价税合计(大写)</td><td colspan="7">⊗佰壹拾叁万壹仟陆佰贰拾伍元零角零分　　¥131 625.00</td></tr>
<tr><td>销货单位</td><td colspan="5">名称:曙光车床厂
纳税人识别号:No 706359228412568
地址、电话:万福街　88 号
开户行及账号:工商银行全安办事处67890135</td><td>备注</td><td colspan="2"></td></tr>
</table>

第四联:记账联

收款人李芳　　　　开票单位(未盖章无效)

实训题 49(2/4)

中国工商银行进账单(回单或收账通知) 1

第　　号

收款人	全称	曙光车床厂	付款人	全称	普阳市外贸公司
	账号	67890135		账号	8421161
	开户银行	工商银行全安办事处		开户银行	工商银行广源办事处

人民币（大写）：壹拾叁万壹仟陆佰贰拾伍元整	千	百	十	万	千	百	十	元	角	分
		¥	1	3	1	6	2	5	0	0

票据种类		
票据张数		
单位主管　会计　复核　记账		收款人开户行盖章

此联是收款人开户行交给收款人的回单或收账通知

实训题 49(3/4)

普阳市工业企业专用发票

发票联

第 0071680 号

购货单位

(全称):曙光车床厂

2014 年 12 月 12 日

编号	产品名称（项目）	规格	件数	单位	数量	单价		金额 百	十	万	千	百	十	元	角	分
	包装费		5	台	5	300.00					1	5	0	0	0	0
										¥	1	5	0	0	0	0
人民币合计(大写)	壹仟伍佰元整															

开户银行账号	江前办事处 8261175	结算方式	转账	合同		提货地点	
备注							

企业盖章：　　会计：于力华　　复核：　　制单：

第二联 发票

实训题 52(1/5)

普阳市增值税专用发票

发　票　联

开票日期:2014 年12 月13 日　　　　NO. 080340

购货单位	名称:沈阳机电公司 纳税人识别号:No 625114621043591 地址、电话:黄河大街100 号 开户行及账号:新华办事处860015	密码区	12654856 >2258 加密版本:01 /35125 * 1222 + 122　0369843 42584 + 446242 * 84　454176 /65589 + #23658 * 455　453256

货物或应税劳务名称	规格型号	单位	数量	单价	金额	税率	税额
A 车床			3	42 300	126 900.00	17	21 573.00
合计					¥126 900.00		¥21 573.00
价税合计(大写)	⊗佰壹拾肆万捌仟肆佰柒拾叁元零角零分				¥148 473.00		

销货单位	名称:曙光车床厂 纳税人识别号:No 706352998412568 地址、电话:万福街　88 号 开户行及账号:工商银行全安区办事处67890135	备注	

收款人李芳　　　　开票单位(未盖章无效)

第四联:发票联

实训题 52(2/5)

普阳市公路货运收费发票

发　票　联

工商银行　　　　9273650

账　　号

2014 年 12 月 13 日　　　　协议、合同运价无效

托运单位	曙光车床厂	受理单位		受理编号	字　号
装货地点	普阳市万福街 85 号	承运单位	市第二货运公司	运输合同	字　号
卸货地点	沈阳和平区 221 号	计吨办法		计费里程	(公里)

货物名称	件数	包装	规格	托运重量	货物等级	计费运输量		费率			金额						
						运量	周转量	空驶运率	运价率	比价率	万	千	百	十	元	角	分
普通运费	3											2	5	0	0	0	0
包车原因				包车费率													
加减成条件								加减成 ±　%									
合计金额(大写)	贰仟伍佰元整							合　计			¥	2	5	0	0	0	0

制票单位:　　　　制票人:　　　　复核:　　　　收费章:

第二联　运费收据托运单位报销凭证

实训题 52(5/5)

中国工商银行电汇凭证(回单) 1

委托日期　　年　　月　　日　　　　第　　号

汇款人	全　称			收款人	全　称			
	账　号 或住址				账　号 或住址			
	汇　出 地　点	省　　市 　　　县	汇出行 名　称		汇　入 地　点	省　　市 　　　县	汇入行 名　称	
金额	人民币 (大写):						千百十万千百十元角分	
汇款用途:				汇出行盖章				

此联是汇出银行给汇款人的回单

上列款项已根据委托办理,如须查询,请持此回单来行面洽。

单位主管　　会计　　复核　　记账

年　　月　　日

实训题 55(1/2)

普阳市饮食业统一发票

发　票　联

No 634891

客户名称:曙光车床厂　　　　普地税(02)第一版(3)

年	月	日	经营项目	单位	数量	单价	金额 千	百	十	元	角	分
14	12	14	餐费					3	6	5	0	0
合计金额(大写)			⊗仟叁佰陆拾伍元零角零分									

②报销凭证

收款单位(盖章有效)　　收款人:李林　　开票人:王娜

注:剪口金额与填写金额不符报销无效(拾元以下除外)

叁佰元	贰佰元	壹佰元

陆拾元	伍拾元	肆拾元	叁拾元	贰拾元	壹拾元

实训题 56

借 款 单（记 帐）

2014年 12月 14日　　　　顺序第　　号

借款单位	* 供销科	姓名	* 王强	级别	*	出差地点	* 山西等地
						天　数	75天
事由	* 销售新产品	借款金额（大写）	* 肆仟元整　　¥: 4 000.00				
单位负责人签署	赵华峰	借款人签章	* 王强	注意事项	一、有*者由借款人填写 二、凡借用公款必须使用本单 三、第三联为正式借据由借款人和单位负责人签章 四、出差返回后三日内结算		
机关首长或授权人批示	同意	审核意见	同意				

第三联　借款记账凭证

实训题 57

中国工商银行进账单（回单或收账通知）　1

（日期为15日）　　　　第　　号

收款人	全　称	曙光车床厂	付款人	全　称	市机床经销公司
	账　号	67890135		账　号	2154116
	开户银行	全安办事处		开户银行	江沿办事处

人民币（大写）：壹拾万元整	千	百	十	万	千	百	十	元	角	分
		¥	1	0	0	0	0	0	0	0

票据种类		
票据张数		
单位主管　会计　复核　记账		收款人开户行盖章

此联是收款人开户行交给收款人的回单或收账通知

实训题 58(2/3)

项目竣工验收单

批准文号　46101　　　　填报日期 2014年12月15日

项目	名称	铸造车间锅炉		金额	批准	80 000		日期	批准	2014 年 10 月			
	性质	改造			实际	87 000			完成	2014 年 12 月			
五种定额	名称 / 情况	修理工时费用	停歇时间	清洗用油	费用	材料消耗费							
						钢	铜	木材	水泥	五金	备品	其他	
	计划	3 000				4 000		9 000	64 000				
	实际	3 000				4 000		10 000	70 000				
验收意见	经验查,质量达到原设计要求,同意交付使用。												
验收人员	使用部门	王军辉		安全员	李新								
	厂部	闻文		财务科	金强								

主管：宋发　　　　经办人:陈军

实训题 59(1/2)

专用收款收据存根

收款日期　2014 年 12 月 15 日　　(02)　　No 239670

付款单位(交款人)	曙光车床厂	收款单位(领款人)	市保险公司	收款项目	
人民币(大写)	伍万壹仟玖佰元整	千百十万千百十元角分	¥51900000	结算方式	转账
收款事由	收统筹金	经办	部门		
			人员	王义	

上述款项照数收讫无误。收款单位财会专用章：(领款人签章)	会计主管	稽核	出纳	交款人
	江雪峰		李霞	

实训题 60(1/2)

普阳市增值税专用发票

发 票 联

NO. 572410

购货单位	名称:曙光车床厂 纳税人识别号:No 706359228412568 地址、电话:万福街88 号 开户行及账号:工商银行全安办事处67890135	密码区	12654856 >2258 加密版本:01 /35125 * 1222 + 122 0369843 42584 + 446242 * 84 454176 /65589 + #23658 * 455 453256

货物或应税劳务名称	规格型号	单位	数量	单价	金额	税率	税额
包装箱		个	70	380	26 600.00	17	4 522.00
合计					¥26 600.00		¥4 522.00
价税合计(大写)	⊗佰⊗拾叁万壹仟壹佰贰拾贰元零角零分				¥31 122.00		

销货单位	名称:市木器厂 纳税人识别号:No 181510004346921 地址、电话:珍珠街 3 号 开户行及账号:工商银行前江办事处4535161	备注	

收款人　　　　开票单位(未盖章无效)

第二联:发票联

实训题 61(1/2)

普阳市技术贸易专用发票

发 票 联

No 589000

付款单位(人):曙光车床厂　　开票日期　2014 年 12 月 16 日

合同项目名称	B 车床改进专利											
合同类别	合同登记号	支付方式	技术交易额	合同成交额								
				百	十	万	千	百	十	元	角	分
技术类	00810	转帐	15 000.00		¥	1	5	0	0	0	0	0
合计金额(大写)	⊗佰⊗拾贰万捌仟零佰零拾零元零角零分											

收款单位(盖章有效)　　收款人:张力华　　复核人:　　制票人:

② 报销凭证

实训题 62(1/2)

短期借款申请书

2014年 11月 5日

企业名称	曙光车床厂	法人代表	刘亮	企业性质	国有
地址	万福街 88号	财务负责人	金强	联系电话	8932716
经营范围	生产各种机泵	主管部门	机械公司		
借款期限	自2014年 12月 15日至2015年 12月 15日			申请金额	400 000元
主要用途及效益说明 由于设备陈旧,生产效率低,申请技术改造贷款。					
申请单位财务章: 财务部门负责人:金 强 经办人:		信贷员意见: 行主管领导:王军戚 信贷部门负责人:李 军			

实训题 64

中国工商银行全安办事处现金交款单(回 单) ③

2014年 12月 18日 No 7258643

款项来源	备用金			收款单位	全 称	曙光车床厂	
解款部门	行政科				账 号	67890135	
人民币(大写):壹仟壹佰肆拾元整						十 万 千 百 十 元 角 分 ¥ 1 1 4 0 0 0	
种类	张数	种类	张数	种类	张数	种类	张数
一百元	10	五元		五角		五分	
五十元	2	二元		二角		二分	
十元	4	一元		一角		一分	

(银行盖章)

收款

复核

此联由银行盖章退回单位

实训题 66

委邮

委托收款凭证（付款通知）

委托日期 2014年12月18日

<table>
<tr><td rowspan="3">付款人</td><td>全　称</td><td>曙光车床厂</td><td rowspan="3">收款人</td><td>全　称</td><td colspan="2">普阳市邮电局</td></tr>
<tr><td>账号或地址</td><td>67890135</td><td>账号或地址</td><td colspan="2">231720</td></tr>
<tr><td>开户银行</td><td>工商行全安办事处</td><td>开户银行</td><td>市工商行营业部</td><td>行号</td></tr>
<tr><td colspan="3">人民币（大写）：陆仟贰佰元整</td><td colspan="4">千百十万千百十元角分
¥ 6 2 0 0 0 0</td></tr>
<tr><td rowspan="2">报话费</td><td>市话费</td><td>2 000.00</td><td colspan="4" rowspan="6">付款单位注意事项：</td></tr>
<tr><td>长话费</td><td>4 000.00</td></tr>
<tr><td rowspan="2">结算号</td><td>电装费</td><td></td></tr>
<tr><td>装移费</td><td>200.00</td></tr>
<tr><td rowspan="2">联系电话</td><td></td><td></td></tr>
<tr><td>其他</td><td></td></tr>
</table>

此联付款人开户银行给付款人按期付款的通知

单位主管：　　会计：　　复核：　　记账：　　2010年12月18日

实训题 68

固定资产交接单

2014年12月18日

移交单位	大连起重机	接受单位	曙光车床厂
固定资产名称	起重机	规　格	
技术特征			
附属物			
建造企业	大连起重机厂	出厂或建成年月	14.11.28
安装单位	大连起重机厂	安装完工年月	14.12.18
原　值	30 220.00	其中：安装费	1 720.00
税　金	4 845.00		
移交单位负责人	郭守林	接受单位负责人	宋华文

实训题 69(1/3)

固定资产清理报废单

2014 年 12 月 18 日　签发　　　　编号：

主管部门：	机械公司			使用单位：	曙光车床厂				
名称及型号	单位	数量	原始价值	已提折旧	净值	预计使用年限	实际使用年限	支付清理费	收回变价收入
钻床(大型)	台	1	87 000	80 000	7 000	20	20	15 500	5 400
建造单位	建造年份		出厂号	申请报废原因：已到使用年限					
黄石锻压机床厂	1994 年		8462						

调出单位公章：　　主管人：　　调入单位公章：　　主管人：

（注：此项业务上月已支付清理费 12 500 元）

实训题 69(2/3)

中国工商银行进账单(回单或收账通知)　1

第　　号

收款人			付款人		
收款人	全称	曙光车床厂	付款人	全称	物资回收公司
	账号	67890135		账号	4210056
	开户银行	工商银行全安办事处		开户银行	工商银行永丰办事处
人民币(大写)：伍仟肆佰元整			千百十万千百十元角分		¥540000
票据种类					
票据张数					
单位主管　会计　复核　记账			收款人开户行盖章		

此联是收款人开户行交给收款人的回单或收账通知

实训题 77(1/4)

专用收款收据存根

收款日期 2014年 12月 20日　　(02)　　No 239670

付款单位（交款人）	财务科	收款单位（领款人）	房产处	收款项目	房租款
人民币（大写）	肆仟伍佰零伍元整				
收款事由	职工欠房租款				

千	百	十	万	千	百	十	元	角	分	结算方式
			¥	4	5	0	5	0	0	

经办	
部门	
人员	王 义

上述款项照数收讫无误。 收款单位财会专用章： （领款人签章）	会计主管	稽　核	出　纳	交款人
			沈 成	李 芳

实训题 77(2/4)

专用收款收据存根

收款日期 2014年 12月 20日　　(02)　　No 382439

付款单位（交款人）	财务科	收款单位（领款人）	托儿所	收款项目	
人民币（大写）	贰仟零肆拾元整				
收款事由	职工欠托儿费				

千	百	十	万	千	百	十	元	角	分	结算方式
			¥	2	0	4	0	0	0	

经办	
部门	
人员	

上述款项照数收讫无误。 收款单位财会专用章： （领款人签章）	会计主管	稽　核	出　纳	交款人
			王 新	李 芳

实训题 78(1/2)

专用收款收据存根

收款日期　2014 年 12 月 20 日　　(02)　　No 576327

付款单位（交款人）	曙光车床厂	收款单位（领款人）	融资公司	收　款项　目	

人民币（大写）		千	百	十	万	千	百	十	元	角	分	结算方式
	壹万壹仟元整			¥	1	1	0	0	0	0	0	

收款事由	租赁设备款	经办	部门	
			人员	

上述款项照数收讫无误。收款单位财会专用章：（领款人签章）	会计主管	稽　核	出　纳	交款人
	赵　岩		刘　君	李　芳

实训题 79(1/2)

专用收款收据

收款日期　2014 年 12 月 20 日　　(02)　　No 443751

付款单位（交款人）	曙光车床厂	收款单位（领款人）	市机床经销公司	收　款项　目	

人民币（大写）		千	百	十	万	千	百	十	元	角	分	结算方式
	贰仟伍佰元整				¥	2	5	0	0	0	0	转账

收款事由	返还包装物押金	经办	部门	
			人员	

上述款项照数收讫无误。收款单位财会专用章：（领款人签章）	会计主管	稽　核	出　纳	交款人
			赵　丽	

实训题 80

公出旅费报销单

所属单位：厂办公室　　　　附件 14 张　　2014 年 12 月 22 日

代表姓名	李立峰	同行人印		共 8 人	审批人印	金强	公出任务	开会	自 12 月 5 日起 至 12 月 20 日止	共 15 天

出发				到达				合计	火车费	卧铺	市内车费	汽车大车	宿费	其他	途中伙食补助费		住勤费	
月	日	时	地点	月	日	时	地点								天数	金额	天数	金额
12	5		普阳	12	5		北京	4 410	960	160	50		2600		2	120	13	520
12	10		北京	12	10		青岛	1 660	1 200	330				130				
12	20		青岛	12	20		普阳	1 930	1 280	650								
合计								8 000	3 440	1 140	50		2600	130		120		520

原借款	金额	交结余或超支金额	报销金额	人民币（大写）：捌仟元整
	9 800.00	1 800.00		

负责人：金　强　　　会计：李娜英　　　出纳：李　芳　　　经手人：李立峰

实训题 81

中国工商银行全安办事处现金交款单（回　单）③

2014 年 12 月 22 日　　　　№ 7258643

款项来源	差旅费款	收款单位	全称	曙光车床厂
解款部门	厂办公室		账号	67890135

人民币（大写）：壹仟捌佰元整	十	万	千	百	十	元	角	分
		¥	1	8	0	0	0	0

种类	张数	种类	张数	种类	张数	种类	张数	（银行盖章）
一百元	5	五元		五角		五分		收款 王军
五十元	10	二元		二角		二分		复核
十元	80	一元		一角		一分		

此联由银行盖章退回单位

实训题 82(1/2)

公出旅费报销单

所属单位：厂办公室　　　　附件 14 张　　2014 年 12 月 22 日

代表姓名	孙立	同行人印	王达		共 2 人	审批人印	金强	公出任务	订货会	自 11 月 25 日起 至 12 月 2 日止	共 7 天

出发				到达				合计	火车费	卧铺	市内车费	汽车大车	宿费	其他	途中伙食补助费		住勤费	
月	日	时	地点	月	日	时	地点								天数	金额	天数	金额
11	25		普阳	11	26		上海	610	440	100					3	30	4	40
12	11		上海	12	2		普阳	890	440	100			320	30				
合计								1 500	880	200			320	30		30		40

原借款	金额	交结余或超支金额	报销金额	人民币（大写）
	1 700.00	200.00		：壹仟伍佰元整

负责人：金　强　　会计：李娜英　　出纳：李　芳　　经手人：李立峰

实训题 83(1/3)

固定资产交接单

2014 年 12 月 22 日

移交单位	成品库	接受单位	机加车间
固定资产名称	A 车床	规　格	
技术特征			
附属物			
建造企业	曙光车床厂	出厂或建成年月	2014.12.1
安装单位		安装完工年月	
原　值	48 000	其中：安装费	
税　金	14 382		
移交单位负责人	高军辉	接受单位负责人	赵　岩

实训题 **83**(2/3)

普阳市增值税专用发票

发　票　联

开票日期:2014 年12 月22 日　　　　NO. 080341

购货单位	名称:曙光车床厂 纳税人识别号:No 706359228412568 地址、电话:万福街88 号 开户行及账号:工商银行全安办事处67890135	密码区	12654856 >2258 加密版本:01 /35125 * 1222 +122　0369843 42584 +446242 * 84　454176 /65589 + #23658 * 455　453256

货物或应税劳务名称	规格型号	单位	数量	单价	金额	税率	税额
A 车床		台	2	42 300	84600. 00	17	14382. 00
合　计					¥84600. 00		¥14382. 00
价税合计(大写)	⊗佰⊗拾玖万捌仟玖佰捌拾贰元零角零分				¥98 982. 00		

销货单位	名称:曙光车床厂 纳税人识别号:No 706359228412568 地址、电话:万福街　88 号 开户行及账号:工商银行全安办事处 67890135	备注	

收款人李芳　　　　开票单位(未盖章无效)

第四联:发票联

实训题 **86**(1/2)

普阳市增值税专用发票

发　票　联

开票日期:2014 年12 月24 日　　　　NO. 3329637

购货单位	名称:曙光车床厂 纳税人识别号:No 706359228412568 地址、电话:万福街88 号 开户行及账号:工商银行全安办事处67890135	密码区	12654856 >2258 加密版本:01 /35125 * 1222 +122　0369843 42584 +446242 * 84　454176 /65589 + #23658 * 455　453256

货物或应税劳务名称	规格型号	单位	数量	单价	金额	税率	税额
电表		块	10	45. 00	450. 00	17	76. 50
电容器		台	5	1210. 00	6 050. 00	17	1 028. 50
合　计					¥6 500. 00		¥1 105. 00
价税合计(大写)	⊗佰⊗拾⊗万柒仟陆佰零拾伍元零角零分				¥7 605. 00		

销货单位	名称:电器商店 纳税人识别号:No 142004361591629 地址、电话:珍珠街　101 号 开户行及账号:工商银行光源办事处 484156	备注	

收款人姜丽娜　　　　开票单位(未盖章无效)

第二联:发票联

实训题 87(1/2)

普阳市增值税专用发票

记　账　联

开票日期:2014 年12 月24 日　　　　NO. 080342

购货单位	名称:机床附件厂 纳税人识别号:No 453004001243125 地址、电话:山上街250 号 开户行及账号:工商银行山上办事处2811501				密码区	12654856 >2258 加密版本:01 /35125 * 1222 +122　0369843 42584 +446242 * 84　454176 /65589 + #23658 * 455　453256	
货物或应税劳务名称	规格型号	单位	数量	单价	金额	税率	税额
圆钢		吨	3	3 240	9 720.00	17	1 652.40
合计					¥9 720.00		¥1 652.40
价税合计(大写)	⊗佰⊗拾壹万壹仟叁佰柒拾贰元肆角零分				¥11 372.40		
销货单位	名称:曙光车床厂 纳税人识别号:No 706359228412568 地址、电话:万福街　88 号 开户行及账号:工商银行全安办事处67890135					备注	

第四联:记账联

收款人李芳　　　　开票单位(未盖章无效)

实训题 87(2/2)

中国工商银行进账单(回单或收账通知)　1

第　　号

收款人	全称	曙光车床厂	付款人	全称	机床附件厂
	账号	67890135		账号	2811501
	开户银行	工商银行全安办事处		开户银行	工商银行山上办事处
人民币(大写)	:壹万壹仟叁佰柒拾贰元肆角整			千百十万千百十元角分	¥1137240
票据种类					
票据张数					
单位主管　会计　复核　记账			收款人开户行盖章		

此联是收款人开户行交给收款人的回单或收账通知

实训题89(1/2)

普阳市增值税专用发票

发 票 联

开票日期:2014 年12 月25 日　　　　NO. 080343

购货单位	名称:曙光车床厂 纳税人识别号:No 706359228412568 地址、电话:万福街88 号 开户行及账号:工商银行全安办事处67890135	密码区	12654856 >2258 加密版本:01 /35125 * 1222 +122　0369843 42584 +446242 * 84　454176 /65589 + #23658 * 455　453256

货物或应税劳务名称	规格型号	单位	数量	单价	金额	税率	税额
动力					53 000.00	17	9 010.00
合计					¥53 000.00		¥9 010.00
价税合计(大写)	⊗佰⊗拾陆万贰仟零佰壹拾零元零角零分				¥62 010.00		

销货单位	名称:市电业局供电公司 纳税人识别号:No 462100571516005 地址、电话:开新街　100 号 开户行及账号:工商银行永丰办事处4535161	备注	

第四联:发票联

收款人林丹　　　　开票单位(未盖章无效)

实训题 89(2/2)

委邮

委托收款凭证（付款通知）

委收号码：

委托日期 2014年 12月 25日

付款期限 年 月 日

付款人	全称	曙光车床厂	收款人	全称	市电业局供电公司
	账号或地址	67890135		账号	2600541
	开户银行	工商银行全安办事处		开户银行	工商银行开源办事处 行号

委收金额	人民币（大写）：陆万贰仟零壹拾元整	千	百	十	万	千	百	十	元	角	分
				¥	6	2	0	1	0	0	0

款项内容	动力费	委托收款凭据名称		附寄单证张数	

备注：	付款单位注意： 1. 根据结果算办法，上列委托收款，如在付款期限内未拒付时，即视同全部同意付款，以此联代付款通知。 2. 如需提前付款或多付款时，应别写书面通知送银行办理。 3. 如系全都或部分拒付，应在付款期限内另填拒绝付款理由书送银行办理。

此联是付款单位开户银行通知付款单位按期付款的通知

实训题 93(2/3)

辅助生产费用分配表

20 年 月份

辅助生产车间	应分配费用额	劳务用电数量	分配额															
			生产成本						制造费用						管理费用		合计	
			铸造车间		机加工车间		装配车间		铸造车间		机加车间		装配车间					
			数量	金额	数量	金额	数量	金额	数量	金额	数量	金额	数量	金额	数量	金额	数量	金额
供汽车间																		
配电室																		
合计																		

制表：

实训题 93(3/3)

动力费用分配表

20 年 月份

车间、产品		定额工时	分配率	动力费用分配额
铸造车间	A 车床			
	B 车床			
	合计			
机加车间	A 车床			
	B 车床			
	合计			
装配车间	A 车床			
	B 车床			
	合计			

制表：

实训题 95

制造费用分配表

20 年 月份

车间、产品		定额工时	分配率	制造费用分配额
铸造车间	A 车床			
	B 车床			
	合计			
机加车间	A 车床			
	B 车床			
	合计			
装配车间	A 车床			
	B 车床			
	合 计			

制表：

实训题 88(1/2)

中国工商银行进账单(回单或收账通知) 1

第　　号

<table>
<tr><td rowspan="3">收款人</td><td>全　称</td><td>曙光车床厂</td><td rowspan="3">付款人</td><td>全　称</td><td>机床附件厂</td></tr>
<tr><td>账　号</td><td>67890135</td><td>账　号</td><td>2811501</td></tr>
<tr><td>开户银行</td><td>全安办事处</td><td>开户银行</td><td>工商银行山上办事处</td></tr>
<tr><td colspan="5" rowspan="2">人民币（大写）：肆万元整</td><td>千 百 十 万 千 百 十 元 角 分</td></tr>
<tr><td>¥ 4 0 0 0 0 0 0</td></tr>
<tr><td colspan="2">票据种类</td><td></td><td colspan="3" rowspan="3">收款人开户行盖章</td></tr>
<tr><td colspan="2">票据张数</td><td></td></tr>
<tr><td colspan="3">单位主管　会计　复核　记账</td></tr>
</table>

此联是收款人开户行交给收款人的回单或收账通知

实训题 9(2/3)

货　　票

A　No 72496

计划号码或运输号码　　　　商州市铁路局　　丙联　承运及收款凭证:发站→托运人

发　站	商州	到站(局)	普阳	车种车号	货运 68	货车标重		承运人/托运人装车		
经　由	三集	货物运到期限	12.6	施封号码或铁路篷布号码						
运价里程	300 公里	集装箱箱型		保价金额	28 080		现付费用			
							费别	金额	费别	金额
托运人名称及地址	商州钢铁公司						运费	900		
收货人名称及地址	普阳车床厂　万福街 88 号						基金 1			
货物品名	品名代码	件数	货物重量	计费重量	运价号	运价率	基金 2			
φ60 圆钢			6 吨	6 吨		3.00	印花税			
合　计										
集号装箱码										
记事										
							合　计	¥900		

发站承运日期戳　　经办人章

实训题 12(2/4)

货　票

A　№ 39271

计划号码或运输号码　　　　普阳市铁路局　丙联　承运及收款凭证:发站→托运人

发　站	普阳	到站(局)	长春	车种车号	货车 16	货车标重		承运人/托运人装车
经　由	沈阳	货物运到期限	12.13	施封号码或铁路篷布号码				
运价里程	1000 公里	集装箱箱　型		保价金额	40 000	现付费用		

托运人名称及地址	普阳车床厂					
收货人名称及地址	吉林机电公司					
货物品名	品名代码	件数	货物重量	计费重量	运价号	运价率
A 车床		10				
合　计						
集装箱号码						
记事						

费　别	金　额	费　别	金　额
运　费	3 000		
基金 1			
基金 2			
印花税			
合　计	¥3 000.00		

发站承运日期戳　　经办人章

实训题 13(2/2)

货　票

A　No 08293

计划号码或运输号码　　　　阳州市铁路局　　丙联　承运及收款凭证：发站→托运人

<table>
<tr><td>发　站</td><td>阳州</td><td>到站(局)</td><td>普阳</td><td>车种车号</td><td>货车 12</td><td>货车标重</td><td></td><td colspan="3">承运人/托运人装车</td></tr>
<tr><td>经　由</td><td>沈阳</td><td>货物运到期限</td><td></td><td>施封号码或铁路篷布号码</td><td colspan="6"></td></tr>
<tr><td rowspan="2">运价里程</td><td rowspan="2">2000公里</td><td rowspan="2">集装箱箱型</td><td rowspan="2"></td><td rowspan="2">保价金额</td><td rowspan="2"></td><td colspan="5">现付费用</td></tr>
<tr><td>费别</td><td colspan="2">金额</td><td>费别</td><td>金额</td></tr>
<tr><td>托运人名称及地址</td><td colspan="5"></td><td>运费</td><td colspan="2">3 000</td><td></td><td></td></tr>
<tr><td>收货人名称及地址</td><td colspan="5"></td><td>基金1</td><td colspan="2"></td><td></td><td></td></tr>
<tr><td>货物品名</td><td>品名代码</td><td>件数</td><td>货物重量</td><td>计费重量</td><td>运价号</td><td>运价率</td><td>基金2</td><td></td><td></td><td></td></tr>
<tr><td>φ60圆钢</td><td></td><td></td><td>20吨</td><td>20吨</td><td></td><td></td><td>印花税</td><td></td><td></td><td></td></tr>
<tr><td></td><td></td><td></td><td></td><td></td><td></td><td></td><td></td><td></td><td></td><td></td></tr>
<tr><td></td><td></td><td></td><td></td><td></td><td></td><td></td><td></td><td></td><td></td><td></td></tr>
<tr><td>合　计</td><td></td><td></td><td></td><td></td><td></td><td></td><td></td><td></td><td></td><td></td></tr>
<tr><td>集装箱号码</td><td colspan="6"></td><td></td><td></td><td></td><td></td></tr>
<tr><td>记事</td><td colspan="6"></td><td>合　计</td><td colspan="4">¥3 000.00</td></tr>
</table>

发站承运日期戳　　经办人章

实训题 19(1/2)

普阳市税务局

No000470

企业进货退出及索取折让证明单

销货单位	全　　称	开化轴承厂			
	税务登记号	No12611542573909			
进货退出	货物名称	单　价	数　量	货　款	税　额
	轴承	275.00	400套	110 000	18 700
	型号 318				
索取折让	货物名称	货　款	税　额	要　求	
				折让金额	折让税额
退货或索取折让理由	规格不符合要求 经办人:关云峰 位签章: 2014年 12月 3日	税务征收机关签章	经办人: 2014年 12月 3日		
购货单位	全　　称	曙光车床厂			
	税务登记号	No　706359228412568			

第三联　购货单位留存

※本证明单一式三联:

第一联,征收机关留存;第二联,交销货单位;第三联,购货单位留存。

实训题 20(2/2)

短期借款申请书

2014 年 12 月 3 日

企业名称	普阳市曙光车床厂	法人代表	刘亮	企业性质	国有
地　　址	万福街 88 号	财务负责人	金强	联系电话	8932716
经营范围	生产各种机床	主管部门	机械公司		
借款期限	自2014年 12月 1日至2015年 6月 30日			申请金额	140 000元
主要用途及效益说明 本厂近半年来，生产情况很好，产品销售情况有所好转，但由于回收货款较困难，特申请短期贷款。					
申请单位财务章： 财务部门负责人：金强　　经办人：			信贷员意见： 行主管领导：张丰　　信贷部门负责人：李军		

实训题 21(1/2)

企业发行债券申请书

企业名称 普阳市曙光车床厂

地　　址 万福街 88 号

电　　话 8932716

债券种类 流动资金

<table>
<tr><td>企业申请发行债券理由</td><td colspan="3">补充流动资金。　　　　申请单位　（盖章）
财务负责人：金　强　（章）　　　法人代表：刘亮　（章）　2014年 11月 10日</td></tr>
<tr><td>企业主管部门意见</td><td>（盖　章）
年　月　日</td><td>省市计经委审查查见</td><td>（盖　章）
年　月　日</td></tr>
<tr><td>开户银行审核意见</td><td colspan="3">开户银行　章
经办人：申　华　（章）　　　负责人：张卫东　（章）　2014年 11月 20日</td></tr>
<tr><td>人民银行审批意见</td><td colspan="3">经审核同意你单位（公开）发行企业债券 52 万元面值 50 万元，用于企业（流动）资金需要，期限两年，利率 12%，发行时间为 14 年 11 月 20 日起至 14 年 12 月 1 日止，发行债券所集资金必须存入开户银行，本债券于 2016 年 12 月 20 日到期还本，按（利随本清）方式付息，本债券发行中不得强行摊派，集资款不得挪做他用。
审批机关　章
经办员：孙　军　　　行长：修玉明　2014年 11月 20日</td></tr>
</table>

实训题 22(2/3)

普阳市税务局

№ 624357

企业进货退出及索取折让证明单

<table>
<tr><td rowspan="2">销货单位</td><td>全称</td><td colspan="4">曙光车床厂</td></tr>
<tr><td>税务登记号</td><td colspan="4">No 763059228412568</td></tr>
<tr><td rowspan="3">进货退出</td><td>货物名称</td><td>单价</td><td>数量</td><td>货款</td><td>税额</td></tr>
<tr><td>B车床</td><td>28 000.00</td><td>2台</td><td>56 000.00</td><td>9 520.00</td></tr>
<tr><td></td><td></td><td></td><td></td><td></td></tr>
<tr><td rowspan="4">索取折让</td><td rowspan="2">货物名称</td><td rowspan="2">货款</td><td rowspan="2">税额</td><td colspan="2">要求</td></tr>
<tr><td>折让金额</td><td>折让税额</td></tr>
<tr><td></td><td></td><td></td><td></td><td></td></tr>
<tr><td></td><td></td><td></td><td></td><td></td></tr>
<tr><td>退货或索取折让理由</td><td colspan="2">发货单位有误
经办人:
位签章:
2014年 12月 4日</td><td>税务征收机关签章</td><td colspan="2">经办人:
2014年 12月 4日</td></tr>
<tr><td rowspan="2">购货单位</td><td>全称</td><td colspan="4">沈阳机电公司</td></tr>
<tr><td>税务登记号</td><td colspan="4">No 625768172194825</td></tr>
</table>

第三联 购货单位留存

※本证明单一式三联:

第一联,征收机关留存;第二联,交销货单位;第三联,购货单位留存。

实训题 26(1/2)

地方各税纳税申报表

编　　码:　　　　　　　　　　　　　　　　　　　　　　　　　　　　普税申表三

申报单位:曙光车床厂　　　　　　申报: 2014 年 12 月 5 日　　　　　　金额单位:元(列至角分)

房产税	从值征收						从租征收			本期减免税额	本期应纳税额	税款所属期
	项目	房产原值	应税房产原值	计税房产余值	年税率	年应纳税额	本期租金收入	税率	本期计算税额			
	房产税	355 000	355 000		1.2%	42 600	21 300				21300	下半年
	合计											

土地使用税	项目	地段等级	占地总面积 m²	免税面积 m²	应税面积 m²	年单位税额	年应纳税额	本期计算税额	本期减免税额	本期应纳税额	税款所属期
	土地税	1	3.6万		3.6万	0.8	28 800	14 400		14400	下半年
	合计										

车船使用税	类别	项目	数量(辆、艘)	计税依据(辆、吨)	年单位税额	年应纳税额	本期应纳税额	税收所属期
	载重量		6 辆	106 吨	5	530.00	530.00	全年
	面包车		1 辆	1 辆	120.00	120.00	120.00	全年
	轿车		1 辆	1 辆	150.00	150.00	150.00	全年
	合计						800.00	

印花税	税目	计税依据	税率	应纳税额				税款所属期
	账簿	5 000	3‰	15.00				全年
	固定资产增值	150 000	5‰	750.00				全年
	合计			765.00				

单位负责人:　　　　财务负责人:金强　　　　办税人:王玉海　　　　税务机关受理日期:

税务审核人:

实训题 30

中华人民共和国
税收通用缴款书（2011）

隶属关系：　　　　　　　　　　　　　　　　　　　　　　　　　　　　　吉地电缴 NO.

经济类型：国有联营企业　　　　填发日期：2014 年 12 月 6 日　　　　收入机关：长春市地税局经济分局

<table>
<tr><td rowspan="4">缴款单位</td><td>代　码</td><td colspan="2">8311</td><td rowspan="3">预算科目</td><td>编　码</td><td colspan="2">0701/070109</td></tr>
<tr><td>全　称</td><td colspan="2">曙光车床厂</td><td>名　称</td><td colspan="2">增值税</td></tr>
<tr><td>开户银行</td><td colspan="2">全安办事处</td><td>级　次</td><td colspan="2">市　级</td></tr>
<tr><td>账　户</td><td colspan="2">67890135</td><td colspan="2">收款国库</td><td colspan="2">市国库</td></tr>
<tr><td colspan="4">税款所属时期：2014 年 11 月 1 日</td><td colspan="4">税款限缴日期：2014 年 12 月 15 日</td></tr>
<tr><td colspan="2">税种/税目</td><td colspan="2">计税金额</td><td colspan="2">税　率</td><td colspan="2">税　额</td></tr>
<tr><td colspan="2">增值税</td><td colspan="2"></td><td colspan="2">17%</td><td colspan="2"></td></tr>
<tr><td colspan="2"></td><td colspan="2"></td><td colspan="2"></td><td colspan="2"></td></tr>
<tr><td colspan="2">金额合计（大写）</td><td colspan="4">壹拾柒万肆仟柒佰元整</td><td colspan="2">¥174 700.00 元</td></tr>
<tr><td colspan="2">缴款单位
（盖章）
经办人</td><td>税务机关（盖章）
填票人</td><td colspan="3">上列款项已收妥并划转收款单位账户
国库（银行）　盖章
年　月　日</td><td>备　注</td><td></td></tr>
</table>

实训题 34(2/3)

货　票

A　№ 392456

计划号码或运输号码　　　　哈尔滨铁路局　　丙联　承运及收款凭证:发站→托运人

发站	哈尔滨	到站(局)	普阳	车种车号	货车115	货车标重		承运人/托运人装车
经由	沈阳	货物运到期限	12.6	施封号码或铁路篷布号码				
运价里程	8 000公里	集装箱箱型		保价金额	39 195.00	现付费用		

货物品名	品名代码	件数	货物重量	计费重量	运价号	运价率	费别	金额	费别	金额
托运人名称及地址	哈尔滨市轴承厂						运费	3 000		
收货人名称及地址	普阳市曙光车床厂						基金1			
货物品名	品名代码	件数	货物重量	计费重量	运价号	运价率	基金2			
轴承		100				30	印花税			
合计										
集装箱号码										
记事										
							合计	¥3 000		

发站承运日期戳　　经办人章

实训题 50(2/2)

工资结算汇总表

2014年 12月份

车间、部门		基本工资	综合奖金	津　贴	缺勤工资	应付工资	代扣款项			代发款	实发金额
							房租	托儿费	储蓄款	交通补助	
铸造车间	生产工人	58 000	7 200	2 400	1 100	66 500	390	150	9 975	400	56 385
	管理人员	2 800	800	500	100	4 000	250	70	600	200	3 280
机加车间	生产工人	71 000	17 000	12 000	1 700	98 300	400	210	14 745	360	83 305
	管理人员	2 700	750	400	350	3 500	310	125	525	150	2 690
装配车间	生产工人	62 000	15 800	9 500	3 100	84 200	215	100	12 630	160	71 415
	管理人员	1 400	940	560	100	2 800	510	230	420	185	1 825
机修车间		5 100	3 200	800	900	8 200	350	200	1 230	107	6 527
配电室		2 100	1 300	400	300	3 500	180	95	525	160	2 800
福利部门		4 200	1 020		220	5 000	400	110	750	140	3 880
厂　部		58 700	12 600		1 300	70 000	1 500	750	10 500	70	57 320
合　计		26 800	60 610	26 560	9 170	346 000	4 505	2 040	51 900	1 932	289 487

编制：刘岩

实训题 62(2/2)

工商银行(短期贷款)借款凭证(回　单) ③

单位编号：4255　　日期：2014 年 12 月 16 日　　银行编号：

收款单位	名称	曙光车床厂	收款单位	名称	同左
	往来户账号	67890135		往来户账号	45003115
	开户银行	工商银行全安办事处		开户银行	同左

借款期限 (最后还款日)	2015年 12月 15日	利率 12%	起息日期	2014年 12月 16日

		千	百	十	万	千	百	十	元	角	分
借款申请金额	人民币 (大写)：肆拾万元整		¥	4	0	0	0	0	0	0	0
借款原因及用途：技术改造	银行核定金额：		¥	4	0	0	0	0	0	0	0

备注

期限	计划还款日期	计划还款金额

上述借款业已同意贷给并转入你单位往来账户借款到期时应按期归还　此致

借款单位：

(银行盖章)　2014 年 12 月 16 日

此联系核定放回款单代借款单位往来户收款通知

实训题 67(8/8)

收料凭证汇总表

20　年　月　日

材料名称	原料及主要材料		燃　料		辅助材料		外购半成品		低值易耗品		包装物		合　计	
	计划成本	实际成本	计划成本	实际成本	计划成本	实际成本	计划成本	实际成本	计划成本	实际成本	计划成本	实际成本	计划成本	实际成本
合　计														
差异额														

实训题 90

发料凭证汇总表

20　年　月　日

领料部门及用途			原料及主要材料		燃　料		外购半成品		辅助材料		低值易耗品		包装物		合　计	
			计划成本	成本差异	计划成本	成本差异	计划成本	成本差异	计划成本	成本差异	计划成本	成本差异	计划成本	成本差异	计划成本	成本差异
生产成本	铸造车间	A														
		B														
	机加车间	A														
		B														
	装配车间	A														
		B														
辅助生产	机修车间															
	配电室															
制造费用	铸造车间															
	机加车间															
	装配车间															
厂　部																
合　计																

实训题 91

固定资产折旧计算表

2014 年 12 月份

固定资产类别	月折旧率	铸造车间		机加车间		装配车间		供汽车间		配电室		厂部		合计	
		原值	月折旧额	原值	月折旧额	原值	月折旧额	原值	月折旧额	原值	月折旧额	原值	月折旧额	原值	月折旧额
房屋及建筑物	0.8%	900 000	7 200	1000000	**8 000**	1 950 000	15 600	130 000	1 040	150 000	1 200	1400000	11 200	5530000	44 240
机器设备	1.2%	520 000	6 240	2400000	28 800	750 000	9 000	120 000	1 440	200 000	2 400	400 000	4 800	4390000	52 680
其他	0.6%	700 000	4 200	850 000	5 100	400 000	2 400					300 000	1 800	2250000	13 500
合计			17 640		41 900		27 000		2 480		3 600		17 800		110 420

实训题 92

直接工资及福利费用分配表

20　年　月　日

车间、产品		定额工时	直接工资费用		应付福利费用	
			分配率	分配额	分配率	分配额
铸造车间	A 车床					
	B 车床					
	合　计					
	管理人员					
机加工车间	A 车床					
	B 车床					
	合　计					
	管理人员					
装配车间	A 车床					
	B 车床					
	合　计					
	管理人员					
辅助生产	供汽车间					
	配电室					
福利部门						
厂　部						

实训题 98（1/2）

城市维护建设税纳税申报表

经济性质：

预算级次：　　　　　　　　　所属时间：　　年　　月　　　　　　　　金额单位：元

纳税人名称		开户银行			账号	
税（费）种类	计税（费）金额	税率（征收率）	应纳税额	已纳税额	按规定减免税额	本期实际应补税额
合　计						
缴款书字号		开票日期		入库日期　　年　月　日		

申报单位（人）（章）　　　　财务负责人（签章）　　　　申报日期　年　月　日

实训题98(2/2)

企业所得税纳税申报表

企业编码　　　　　　　　　申报期　年　月　日至　月　日　　　　　　金额单位:元

<table>
<tr><td>申报单位</td><td colspan="2"></td><td>行业类别</td><td>工业制造</td><td>隶属关系</td><td></td></tr>
<tr><td>地　址</td><td colspan="2"></td><td>经济性质</td><td>国有</td><td>预算级次</td><td></td></tr>
<tr><td colspan="2">项　　目</td><td>行次</td><td>本期数</td><td>累计数</td><td colspan="2">补充资料</td></tr>
<tr><td colspan="2">一、销售(营业)收入</td><td>1</td><td></td><td></td><td colspan="2" rowspan="15">1. 工业总产值
元
2. 年平均职工人数
人
3. 安置四残人员
人
4. 安置待业人员
人
5. 工资总额
元
6. 效益工资
元
7. 税后利润
元</td></tr>
<tr><td colspan="2">减:销售折扣与折让</td><td>2</td><td></td><td></td></tr>
<tr><td colspan="2">　　销售(营业)成本</td><td>3</td><td></td><td></td></tr>
<tr><td colspan="2">　　销售(营业)税金及附加</td><td>5</td><td></td><td></td></tr>
<tr><td colspan="2">二、销售(营业)利润</td><td>6</td><td></td><td></td></tr>
<tr><td colspan="2">加:代购代销收入</td><td>7</td><td></td><td></td></tr>
<tr><td colspan="2">　　其他业务利润</td><td>8</td><td></td><td></td></tr>
<tr><td colspan="2">减:管理费用</td><td>11</td><td></td><td></td></tr>
<tr><td colspan="2">　　销售(营业)费用</td><td>4</td><td></td><td></td></tr>
<tr><td colspan="2">　　财务费用</td><td>12</td><td></td><td></td></tr>
<tr><td colspan="2">　　汇兑损失</td><td>13</td><td></td><td></td></tr>
<tr><td colspan="2">三、营业利润</td><td>14</td><td></td><td></td></tr>
<tr><td colspan="2">加:投资收益</td><td>15</td><td></td><td></td></tr>
<tr><td colspan="2">　　营业外收入</td><td>21</td><td></td><td></td></tr>
<tr><td colspan="2">减:营业外支出</td><td>22</td><td></td><td></td></tr>
<tr><td colspan="2">四、利润总额</td><td>24</td><td></td><td></td><td colspan="2" rowspan="11">备　注

税务机关受理日期
年　月　日
受理人(签名):</td></tr>
<tr><td colspan="2">加:纳税调整增加额</td><td>25</td><td></td><td></td></tr>
<tr><td colspan="2">减:纳税调整减少额</td><td>26</td><td></td><td></td></tr>
<tr><td colspan="2">五、应纳税所得额</td><td>27</td><td></td><td></td></tr>
<tr><td colspan="2">　　适用税率</td><td>28</td><td></td><td></td></tr>
<tr><td colspan="2">六、应纳所得税额</td><td>29</td><td></td><td></td></tr>
<tr><td colspan="2">七、应缴入库所得税额</td><td>34</td><td></td><td></td></tr>
<tr><td colspan="2">加:期初未缴所得税额</td><td>35</td><td></td><td></td></tr>
<tr><td colspan="2">减:实际已缴纳所得税额</td><td>36</td><td></td><td></td></tr>
<tr><td colspan="2">八、期末应补(退)所得税额</td><td>37</td><td></td><td></td></tr>
<tr><td colspan="2"></td><td></td><td></td><td></td></tr>
</table>

申报单位盖章　　填报期　　年　月　日　经办人　　主管会计　　负责人

实训题 96

车间制造成本计算单

车间名称:铸造车间

产品名称:A 车床　　　　2014 年 12 月 30 日　　　　完工产量:50

成本项目	月初在产品成本	本　月产品费用	费用合计	约当产量	分配率	完工产品成本	月末在产品成本
直接材料	54 600	102 833. 56	157 433. 56	67	2 349. 75	117 487. 50	39 946. 06
直接工资	16 000	46 550	62 550	62	1 008. 87	50 443. 50	12 106. 50
其他直接支出	2 240	6 517	8 757	62	141. 24	7 062	1 695
制造费用	5 160	27 125	32 285	62	520. 73	26 036. 50	6 248. 50
合　计	78 000	183 025. 56	261 025. 56			201 029. 50	59 996. 06

制表:

实训题 96

车间制造成本计算单

车间名称:机加车间

产品名称:　　　　2014 年 12 月 30 日　　　　完工产量:50

成本项目	月初在产品成本	本　月产品费用	费用合计	约当产量	分配率	完工产品成本	月末在产品成本
直接材料	43 680	90 615. 05	134 295. 05	57	2 356. 05	117 802. 50	16 492. 55
直接工资	11 000	81 432	92 432	54. 5	1 696	84 800	7 632
其他直接支出	1 540	11 400. 48	12 940. 48	54. 5	237. 44	11 872	1 068. 48
制造费用	6 180	60 320	66 500	54. 5	1 220. 18	61 009	5 491
合　计	62 400	243 767. 53	306 167. 53			275 483. 50	30 684. 03

制表:

实训题 96

车间制造成本计算单

车间名称:装配车间

产品名称:A 车床　　　　2014 年 12 月 30 日　　　　完工产量:50

成本项目	月初在产品成本	本　月产品费用	费用合计	约当产量	分配率	完工产品成本	月末在产品成本
直接材料	59 255	559 924. 31	619 179. 31	52	11 907. 29	595 364. 50	23 814. 81
直接工资	10 500	50 535	61 035	51	1 196. 76	59 838	1 197
其他直接支出	1 470	7 074. 90	8 544. 90	51	167. 55	8 377. 50	167. 40
制造费用	13 425	31 545	44 970	51	881. 76	44 088	882
合　计	84 650	649 079. 21	733 729. 21			707 668	26 061. 21

制表:

实训题 96

车间制造成本计算单

车间名称：机加车间

产品名称：B 车床　　　　2014 年 12 月 30 日　　　　完工产量:20

成本项目	月初在产品成本	本　　月产品费用	费用合计	约当产量	分配率	完工产品成本	月末在产品成本
直接材料	20 040	40 748. 23	60 788. 23	35	1 736. 81	34736. 20	26 052. 03
直接工资	8 500	16 868	25 368	31	818. 32	16 366. 40	9 001. 60
其他直接支出	1 190	2 361. 52	3 551. 52	31	114. 57	2 291. 40	1 260. 12
制造费用	3 670	12 472. 06	16 142. 06	31	520. 71	10 414. 20	5 727. 86
合　计	33 400	72 449. 81	105 849. 81			63 808. 20	42 041. 61

制表：

实训题

车间制造成本计算单

车间名称：装配车间

产品名称：B 车床　　　　2014 年 12 月 30 日　　　　完工产量:20

成本项目	月初在产品成本	本　　月产品费用	费用合计	约当产量	分配率	完工产品成本	月末在产品成本
直接材料	24 210	111 367. 32	135 577. 32	25	5 423. 09	108 461. 80	27 115. 52
直接工资	7 640	33 665	41 305	23	1 795. 87	35 917. 40	5 387. 60
其他直接支出	1 069	4 713. 10	5 782. 10	23	251. 40	5 028	754. 10
制造费用	7 431	21 048. 84	28 479. 84	23	1 238. 25	24 765	3 714. 84
合　计	40 350	170 794. 26	211 144. 26			174 172. 20	36 972. 06

制表：

实训题

完工产品制造成本汇总计算表

产品名称：B 车床　　　　2014 年 12 月 30 日　　　　完工产量:20

部　　门	直接材料	直接工资	其　他直接支出	制造费用	产品总成本	产品单位成本
铸造车间	20 118	15 500	2 170	7 283. 20	45 071. 20	2 253. 56
机加车间	34 736. 20	16 366. 40	2 291. 40	10 414. 20	63 808. 20	3 190. 41
装配车间	108 461. 80	35 917. 40	5 028	24 765	174 172. 20	8 708. 61
产品总成本	163 316	67 783. 80	9 489. 40	42 462. 40	283 051. 60	
产品单位成本	8 165. 80	3 389. 19	474. 47	2 123. 12		14 152. 58

制表：

实训题

完工产品制造成本汇总计算表

产品名称:A 车床　　　　2014 年 12 月 30 日　　　　完工产量:50

部　门	直接材料	直接工资	其他直接支出	制造费用	产品总成本	产品单位成本
铸造车间	117 487.50	50 443.50	7 062	26 036.50	201 029.50	4 020.59
机加车间	117 802.50	84 800	11 872	61 009	275 483.50	5 509.67
装配车间	595 364.50	59 838	8 377.50	44 088	707 668	14 153.36
产品总成本	830 654.50	195 081.80	27 311.50	131 133.50	1 184 181	
产品单位成本	16 613.09	3 901.63	546.23	2 622.67		23 683.62

制表:

实训题

产　品　交　库　单

凭证编号:

交库部门:装配车间　　　　2014 年 12 月 30 日　　　　产成品库:一号库

产品类型	产品名称及规格	产品编号	计量单位	实收数量	单位成本	实际成本
车床	A	25 001	台	50	23 683.62	1 184 181
合　计				50	23 683.62	1 184 181

记账:　　　　主管:　　　　保管:　　　　交库:

实训题

车间制造成本计算单

车间名称:铸造车间

产品名称:B 车床　　　　2014 年 12 月 30 日　　　　完工产量:20

成本项目	月初在产品成本	本月产品费用	费用合计	约当产量	分配率	完工产品成本	月末在产品成本
直接材料	12 900	27 336.04	40 236.04	40	1 005.90	20 118	20 118.04
直接工资	9 500	19 950	29 450	38	775	15 500	13 950
其他直接支出	1 330	2 793	4 123	38	108.50	2 170	1 953
制造费用	2 230	11 607.90	13 837.90	38	364.16	7 283.20	6 554.70
合　计	25 960	61 686.94	87 646.94			45 071.20	42 575.74

制表:

实训题

产品交库单

凭证编号：

交库部门：装配车间　　　　2014年12月30日　　　　产成品库：二号库

产品类型	产品名称及规格	产品编号	计量单位	实收数量	单位成本	实际成本
车床	B	25 002	台	20	14 152.58	283 051.60
合　计				20	14 152.58	283 051.60

记账：　　　　主管：　　　　保管：　　　　交库：

科目汇总表

年　　月　　日　　科汇

借方											科目	贷方										
亿	千	百	十	万	千	百	十	元	角	分		亿	千	百	十	万	千	百	十	元	角	分
											库存现金											
											银行存款											
											其他货币资金											
											交易性金融资产											
											应收票据											
											应收账款											
											预付账款											
											其他应收款											
											坏账准备											
											材料采购											
											原材料											
											周转材料											
											材料成本差异											
											库存商品											
											待摊费用											
											持有至到期投资											
											长期股权投资											
											固定资产											
											累计折旧											
											在建工程											
											固定资产清理											
											无形资产											
											累计摊销											
											待处理											
											财产损溢											
											短期借款											
											应付票据											
											应付账款											
											预收账款											
											其他应付款											
											应付职工薪酬											
											应交税费											
											预提费用											
											长期借款											

会计主管　　　　记账　　　　制表

科目汇总表

年　　月　　日　　科汇

借方											科目	贷方										
亿	千	百	十	万	千	百	十	元	角	分		亿	千	百	十	万	千	百	十	元	角	分
											应付债券											
											长期应付款											
											实收资本											
											资本公积											
											盈余公积											
											本年利润											
											利润分配											
											生产成本											
											制造费用											
											主营业务收入											
											其他业务收入											
											投资收益											
											营业外收入											
											主营业务成本											
											其他业务成本											
											营业税金及附加											
											销售费用											
											管理费用											
											财务费用											
											资产减值损失											
											营业外支出											
											所得税费用											
											合　计											

会计主管　　　　记账　　　　制表

科目汇总表

年 月 日 科汇

借方											科目	贷方										
亿	千	百	十	万	千	百	十	元	角	分		亿	千	百	十	万	千	百	十	元	角	分
											库存现金											
											银行存款											
											其他货币资金											
											交易性金融资产											
											应收票据											
											应收账款											
											预付账款											
											其他应收款											
											坏账准备											
											材料采购											
											原材料											
											周转材料											
											材料成本差异											
											库存商品											
											待摊费用											
											持有至到期投资											
											长期股权投资											
											固定资产											
											累计折旧											
											在建工程											
											固定资产清理											
											无形资产											
											累计摊销											
											待处理											
											财产损溢											
											短期借款											
											应付票据											
											应付账款											
											预收账款											
											其他应付款											
											应付职工薪酬											
											应交税费											
											预提费用											
											长期借款											

会计主管 记账 制表

科目汇总表

年 月 日 科汇

借方											科目	贷方										
亿	千	百	十	万	千	百	十	元	角	分		亿	千	百	十	万	千	百	十	元	角	分
											应付债券											
											长期应付款											
											实收资本											
											资本公积											
											盈余公积											
											本年利润											
											利润分配											
											生产成本											
											制造费用											
											主营业务收入											
											其他业务收入											
											投资收益											
											营业外收入											
											主营业务成本											
											其他业务成本											
											营业税金及附加											
											销售费用											
											管理费用											
											财务费用											
											资产减值损失											
											营业外支出											
											所得税费用											
											合计											

会计主管 记账 制表

科目汇总表

年　月　日　科汇

借方											科目	贷方										
亿	千	百	十	万	千	百	十	元	角	分		亿	千	百	十	万	千	百	十	元	角	分
											库存现金											
											银行存款											
											其他货币资金											
											交易性金融资产											
											应收票据											
											应收账款											
											预付账款											
											其他应收款											
											坏账准备											
											材料采购											
											原材料											
											周转材料											
											材料成本差异											
											库存商品											
											待摊费用											
											持有至到期投资											
											长期股权投资											
											固定资产											
											累计折旧											
											在建工程											
											固定资产清理											
											无形资产											
											累计摊销											
											待处理											
											财产损溢											
											短期借款											
											应付票据											
											应付账款											
											预收账款											
											其他应付款											
											应付职工薪酬											
											应交税费											
											预提费用											
											长期借款											

会计主管　　记账　　制表

科目汇总表

年　月　日　科汇

借方											科目	贷方										
亿	千	百	十	万	千	百	十	元	角	分		亿	千	百	十	万	千	百	十	元	角	分
											应付债券											
											长期应付款											
											实收资本											
											资本公积											
											盈余公积											
											本年利润											
											利润分配											
											生产成本											
											制造费用											
											主营业务收入											
											其他业务收入											
											投资收益											
											营业外收入											
											主营业务成本											
											其他业务成本											
											营业税金及附加											
											销售费用											
											管理费用											
											财务费用											
											资产减值损失											
											营业外支出											
											所得税费用											
											合计											

会计主管　　记账　　制表

科目汇总表

年　　月　　日　　科汇

借方											科目	贷方										
亿	千	百	十	万	千	百	十	元	角	分		亿	千	百	十	万	千	百	十	元	角	分
											库存现金											
											银行存款											
											其他货币资金											
											交易性金融资产											
											应收票据											
											应收账款											
											预付账款											
											其他应收款											
											坏账准备											
											材料采购											
											原材料											
											周转材料											
											材料成本差异											
											库存商品											
											待摊费用											
											持有至到期投资											
											长期股权投资											
											固定资产											
											累计折旧											
											在建工程											
											固定资产清理											
											无形资产											
											累计摊销											
											待处理											
											财产损溢											
											短期借款											
											应付票据											
											应付账款											
											预收账款											
											其他应付款											
											应付职工薪酬											
											应交税费											
											预提费用											
											长期借款											

会计主管　　　　记账　　　　制表

科目汇总表

年　　月　　日　　科汇

借方											科目	贷方										
亿	千	百	十	万	千	百	十	元	角	分		亿	千	百	十	万	千	百	十	元	角	分
											应付债券											
											长期应付款											
											实收资本											
											资本公积											
											盈余公积											
											本年利润											
											利润分配											
											生产成本											
											制造费用											
											主营业务收入											
											其他业务收入											
											投资收益											
											营业外收入											
											主营业务成本											
											其他业务成本											
											营业税金及附加											
											销售费用											
											管理费用											
											财务费用											
											资产减值损失											
											营业外支出											
											所得税费用											
											合计											

会计主管　　　　记账　　　　制表

企业会计实训账簿

学校 ______________________

专业 __________ 班级 __________

姓名 __________ 学号 __________

四、账簿及报表

一般企业可设置一本现金日记账，一本银行存款日记账，一本总分类账和许多本明细分类账。对于小企业，最少也应设置三本账簿：出纳账、总分类账和明细分类账。

新开办企业和经营中的企业在年度开始时，都应根据核算需要设置所需账簿，这项工作就是**建账**。其基本程序如下：

(1)准备所需的各种账簿(活页账应装订成册)。

(2)填写“账簿启用和经管人员一览表”，加盖记账人员名章和单位公章，并粘贴印花税票。

(3)按照会计科目表的科目顺序填写总账“账户目录”，在总账账页上开设各个总账账户，并结转上年余额，同时为每个账户预留若干账页。业务量较大的企业，可按一级科目的顺序由前往后，自上而下地在账页上粘贴口取纸。

参照建立总账的办法开设各种明细账户及现金日记账和银行存款日记账。

账簿启用和经管人员一览表

<table>
<tr><td>单位名称</td><td colspan="3"></td><td rowspan="3">粘 贴
印 花</td></tr>
<tr><td>账簿名称</td><td colspan="3"></td></tr>
<tr><td>册次及起讫页数</td><td colspan="3">自 页起至 页止共 页</td></tr>
<tr><td>启 用 日 期</td><td colspan="4">20 年 月 日</td></tr>
<tr><td>停 用 日 期</td><td colspan="4">20 年 月 日</td></tr>
<tr><td>经管人员姓名</td><td>接 管 日 期</td><td>交 出 日 期</td><td>经 管 人
员 盖 章</td><td>会 计 主 管
人 员 盖 章</td></tr>
<tr><td></td><td>年 月 日</td><td>年 月 日</td><td></td><td></td></tr>
<tr><td></td><td>年 月 日</td><td>年 月 日</td><td></td><td></td></tr>
<tr><td></td><td>年 月 日</td><td>年 月 日</td><td></td><td></td></tr>
<tr><td></td><td>年 月 日</td><td>年 月 日</td><td></td><td></td></tr>
<tr><td></td><td>年 月 日</td><td>年 月 日</td><td></td><td></td></tr>
<tr><td></td><td>年 月 日</td><td>年 月 日</td><td></td><td></td></tr>
<tr><td rowspan="2">备
考</td><td colspan="2" rowspan="2"></td><td colspan="2">单 位 公 章</td></tr>
<tr><td colspan="2"></td></tr>
</table>

账 户 目 录

科目编号	账户名称	科目编号	账户名称
	库存现金		长期借款
	银行存款		应付债券
	其他货币资金		长期应付款
	交易性金融资产		实收资本
	应收票据		资本公积
	应收账款		盈余公积
	预付账款		本年利润
	其他应收款		利润分配
	坏账准备		生产成本
	材料采购		制造费用
	原材料		主营业务收入
	周转材料		其他业务收入
	材料成本差异		投资收益
	库存商品		营业外收入
	待摊费用		主营业务成本
	持有至到期投资		其他业务成本
	长期股权投资		营业税金及附加
	固定资产		销售费用
	累计折旧		管理费用
	在建工程		财务费用
	固定资产清理		资产减值损失
	无形资产		营业外支出
	累计摊销		所得税费用
	待处理		
	财产损溢		
	短期借款		
	应付票据		
	应付账款		
	预收账款		
	其他应付款		
	应付职工薪酬		
	应交税费		
	预提费用		

总分类账是根据总分类科目开设账户的簿籍。设置和登记总分类账，可以分类反映企业全部经济业务，用以提供资产、负债、所有者权益、收入、费用和利润各要素分类项目的总托核算资料，是编制会计报表的主要依据。

总分类账一般采用订本式账簿，其账页普遍使用“三栏式”格式。由于订本账账页固定，因而在启用总分类账时，需对每个账户发生业务的多少事先进行估计，为每个账户预留若干账页。

总分类账由总账会计进行登记，其登记方法一般有：

(1)逐笔登记法，是根据记账凭证逐笔连续登记各账户的方法。

(2)汇总登记法，是定期将一定期间的记账凭证汇总编制成“科目汇总表”或“汇总记账凭证”，然后据以登记总账。以经济业务较多的企业，采用汇总登记法可以减少总账的登记工作量。

总账会计在每月业务终了结账后，(1)应编制“本期发生额及余额试算平衡表”，以检查全部账户的记录是否正确和完整。(2)还应将总分类账与所属明细账的本期发生额及余额进行核对，以检查平行登记的结果是否正确。

总分类账　　2

账户名称：库存现金

14年		凭证号	摘要	借方										贷方										借或贷	余额									
月	日			千	百	十	万	千	百	十	元	角	分	千	百	十	万	千	百	十	元	角	分		千	百	十	万	千	百	十	元	角	分
11	30		期末余额																					借						8	0	0	0	0

总分类账 4

账户名称：银行存款

14年		凭证号	摘要	借方										贷方										借或贷	余额									
月	日			千	百	十	万	千	百	十	元	角	分	千	百	十	万	千	百	十	元	角	分		千	百	十	万	千	百	十	元	角	分
11	30		期末余额																					借			9	1	7	0	0	0	0	0

总分类账 6

账户名称：其他货币资金

14年		凭证号	摘要	借方										贷方										借或贷	余额									
月	日			千	百	十	万	千	百	十	元	角	分	千	百	十	万	千	百	十	元	角	分		千	百	十	万	千	百	十	元	角	分
11	30		期末余额																					借			3	3	1	0	0	0	0	0

总分类账 8

账户名称：交易性金融资产

14年		凭证号	摘要	借方										贷方										借或贷	余额									
月	日			千	百	十	万	千	百	十	元	角	分	千	百	十	万	千	百	十	元	角	分		千	百	十	万	千	百	十	元	角	分
11	30		期末余额																					借				8	4	5	0	0	0	0

总分类账 10

账户名称：应收票据

14年		凭证号	摘要	借方										贷方										借或贷	余额									
月	日			千	百	十	万	千	百	十	元	角	分	千	百	十	万	千	百	十	元	角	分		千	百	十	万	千	百	十	元	角	分
11	30		期末余额																					借				7	9	2	0	0	0	0

总分类账

12

账户名称：应收账款

14年		凭证号	摘要	借方										贷方										借或贷	余额									
月	日			千	百	十	万	千	百	十	元	角	分	千	百	十	万	千	百	十	元	角	分		千	百	十	万	千	百	十	元	角	分
11	30		期末余额																					借			8	0	0	0	0	0	0	0

总分类账

14

账户名称：预付账款

14年		凭证号	摘要	借方										贷方										借或贷	余额									
月	日			千	百	十	万	千	百	十	元	角	分	千	百	十	万	千	百	十	元	角	分		千	百	十	万	千	百	十	元	角	分
11	30		期末余额																					借			2	6	5	5	0	0	0	0

总分类账　　16

账户名称：其他应收款

14年		凭证号	摘要	借方										贷方										借或贷	余额									
月	日			千	百	十	万	千	百	十	元	角	分	千	百	十	万	千	百	十	元	角	分		千	百	十	万	千	百	十	元	角	分
11	30		期末余额																					借				1	2	9	0	0	0	0

总分类账　　18

账户名称：坏账准备

14年		凭证号	摘要	借方										贷方										借或贷	余额									
月	日			千	百	十	万	千	百	十	元	角	分	千	百	十	万	千	百	十	元	角	分		千	百	十	万	千	百	十	元	角	分
11	30		期末余额																					贷					4	0	0	0	0	0

总分类账

20

账户名称:材料采购

14年		凭证号	摘要	借方										贷方										借或贷	余额									
月	日			千	百	十	万	千	百	十	元	角	分	千	百	十	万	千	百	十	元	角	分		千	百	十	万	千	百	十	元	角	分
11	30		期末余额																					借			1	1	0	0	0	0	0	0

总分类账

22

账户名称:原材料

14年		凭证号	摘要	借方										贷方										借或贷	余额									
月	日			千	百	十	万	千	百	十	元	角	分	千	百	十	万	千	百	十	元	角	分		千	百	十	万	千	百	十	元	角	分
11	30		期末余额																					借		1	9	0	6	9	8	2	0	0

总分类账 24

账户名称：周转材料

14年		凭证号	摘要	借方	贷方	借或贷	余额									
月	日						千	百	十	万	千	百	十	元	角	分
11	30		期末余额			借			1	8	5	2	9	3	0	0

总分类账 26

账户名称：材料成本差异

14年		凭证号	摘要	借方	贷方	借或贷	余额									
月	日						千	百	十	万	千	百	十	元	角	分
11	30		期末余额			借				6	7	4	9	4	0	0

总分类账 28

账户名称：库存商品

14年		凭证号	摘要	借方	贷方	借或贷	余额									
月	日						千	百	十	万	千	百	十	元	角	分
11	30		期末余额			借		1	4	1	6	0	0	0	0	0

总分类账 30

账户名称：待摊费用

14年		凭证号	摘要	借方	贷方	借或贷	余额									
月	日						千	百	十	万	千	百	十	元	角	分
11	30		期末余额			借				1	5	0	0	0	0	0

总分类账 32

账户名称:持有至到期投资

14年		凭证号	摘要	借方										贷方										借或贷	余额									
月	日			千	百	十	万	千	百	十	元	角	分	千	百	十	万	千	百	十	元	角	分		千	百	十	万	千	百	十	元	角	分
11	30		期末余额																					借			2	8	0	0	0	0	0	0

总分类账 34

账户名称:长期股权投资

14年		凭证号	摘要	借方										贷方										借或贷	余额									
月	日			千	百	十	万	千	百	十	元	角	分	千	百	十	万	千	百	十	元	角	分		千	百	十	万	千	百	十	元	角	分
11	30		期末余额																					借			2	6	5	0	0	0	0	0

总分类账

36

账户名称：固定资产

14年		凭证号	摘要	借方										贷方										借或贷	余额									
月	日			千	百	十	万	千	百	十	元	角	分	千	百	十	万	千	百	十	元	角	分		千	百	十	万	千	百	十	元	角	分
11	30		期末余额																					借	1	2	5	2	6	5	0	0	0	0

总分类账

38

账户名称：累计折旧

14年		凭证号	摘要	借方										贷方										借或贷	余额									
月	日			千	百	十	万	千	百	十	元	角	分	千	百	十	万	千	百	十	元	角	分		千	百	十	万	千	百	十	元	角	分
11	30		期末余额																					贷		3	2	0	0	0	0	0	0	0

总分类账 40

账户名称：在建工程

14年		凭证号	摘要	借方										贷方										借或贷	余额									
月	日			千	百	十	万	千	百	十	元	角	分	千	百	十	万	千	百	十	元	角	分		千	百	十	万	千	百	十	元	角	分
11	30		期末余额																					借				6	7	0	0	0	0	0

总分类账 42

账户名称：固定资产清理

14年		凭证号	摘要	借方										贷方										借或贷	余额									
月	日			千	百	十	万	千	百	十	元	角	分	千	百	十	万	千	百	十	元	角	分		千	百	十	万	千	百	十	元	角	分
11	30		期末余额																					借				1	2	5	0	0	0	0

总分类账 44

账户名称：无形资产

14年		凭证号	摘要	借方										贷方										借或贷	余额									
月	日			千	百	十	万	千	百	十	元	角	分	千	百	十	万	千	百	十	元	角	分		千	百	十	万	千	百	十	元	角	分
11	30		期末余额																					借				4	9	2	0	0	0	0

总分类账 46

账户名称：累计摊销

14年		凭证号	摘要	借方										贷方										借或贷	余额									
月	日			千	百	十	万	千	百	十	元	角	分	千	百	十	万	千	百	十	元	角	分		千	百	十	万	千	百	十	元	角	分

总分类账 48

账户名称:待处理财产损溢

14年		凭证号	摘要	借方										贷方										借或贷	余额									
月	日			千	百	十	万	千	百	十	元	角	分	千	百	十	万	千	百	十	元	角	分		千	百	十	万	千	百	十	元	角	分

总分类账 50

账户名称:短期借款

14年		凭证号	摘要	借方										贷方										借或贷	余额									
月	日			千	百	十	万	千	百	十	元	角	分	千	百	十	万	千	百	十	元	角	分		千	百	十	万	千	百	十	元	角	分
11	30		期末余额																					贷		1	2	6	0	0	0	0	0	0

总分类账

52

账户名称：应付票据

14年		凭证号	摘要	借方										贷方										借或贷	余额									
月	日			千	百	十	万	千	百	十	元	角	分	千	百	十	万	千	百	十	元	角	分		千	百	十	万	千	百	十	元	角	分
11	30		期末余额																					贷			1	4	8	0	0	0	0	0

总分类账

54

账户名称：应付账款

14年		凭证号	摘要	借方										贷方										借或贷	余额									
月	日			千	百	十	万	千	百	十	元	角	分	千	百	十	万	千	百	十	元	角	分		千	百	十	万	千	百	十	元	角	分
11	30		期末余额																					贷			8	3	5	0	0	0	0	0

总分类账 56

账户名称：预收账款

14年		凭证号	摘要	借方										贷方										借或贷	余额									
月	日			千	百	十	万	千	百	十	元	角	分	千	百	十	万	千	百	十	元	角	分		千	百	十	万	千	百	十	元	角	分
11	30		期末余额																					贷			1	5	9	0	0	0	0	0

总分类账 58

账户名称：其他应付款

14年		凭证号	摘要	借方										贷方										借或贷	余额									
月	日			千	百	十	万	千	百	十	元	角	分	千	百	十	万	千	百	十	元	角	分		千	百	十	万	千	百	十	元	角	分
11	30		期末余额																					贷				7	8	0	0	0	0	0

总分类账

60

账户名称：应付职工薪酬

14年		凭证号	摘要	借方										贷方										借或贷	余额									
月	日			千	百	十	万	千	百	十	元	角	分	千	百	十	万	千	百	十	元	角	分		千	百	十	万	千	百	十	元	角	分
11	30		期末余额																					贷			2	1	5	0	0	0	0	0

总分类账

62

账户名称：应交税费

14年		凭证号	摘要	借方										贷方										借或贷	余额									
月	日			千	百	十	万	千	百	十	元	角	分	千	百	十	万	千	百	十	元	角	分		千	百	十	万	千	百	十	元	角	分
11	30		期末余额																					贷				2	1	7	0	0	0	0

总分类账 64

账户名称:预提费用

14年		凭证号	摘要	借方										贷方										借或贷	余额									
月	日			千	百	十	万	千	百	十	元	角	分	千	百	十	万	千	百	十	元	角	分		千	百	十	万	千	百	十	元	角	分

总分类账 66

账户名称:长期借款

14年		凭证号	摘要	借方										贷方										借或贷	余额									
月	日			千	百	十	万	千	百	十	元	角	分	千	百	十	万	千	百	十	元	角	分		千	百	十	万	千	百	十	元	角	分
11	30		期末余额																					贷		1	4	6	4	8	0	0	0	0

总分类账

账户名称：应付债券

14年		凭证号	摘要	借方										贷方										借或贷	余额									
月	日			千	百	十	万	千	百	十	元	角	分	千	百	十	万	千	百	十	元	角	分		千	百	十	万	千	百	十	元	角	分
11	30		期末余额																					贷			4	4	1	0	0	0	0	0

总分类账

账户名称：长期应付款

14年		凭证号	摘要	借方										贷方										借或贷	余额									
月	日			千	百	十	万	千	百	十	元	角	分	千	百	十	万	千	百	十	元	角	分		千	百	十	万	千	百	十	元	角	分
11	30		期末余额																					贷			3	3	3	2	0	0	0	0

总分类账 72

账户名称:实收资本

14年		凭证号	摘要	借方										贷方										借或贷	余额									
月	日			千	百	十	万	千	百	十	元	角	分	千	百	十	万	千	百	十	元	角	分		千	百	十	万	千	百	十	元	角	分
11	30		期末余额																					贷		9	0	0	0	0	0	0	0	0

总分类账 74

账户名称:资本公积

14年		凭证号	摘要	借方										贷方										借或贷	余额									
月	日			千	百	十	万	千	百	十	元	角	分	千	百	十	万	千	百	十	元	角	分		千	百	十	万	千	百	十	元	角	分
11	30		期末余额																					贷			1	2	0	0	0	0	0	0

总分类账

76

账户名称：盈余公积

14年		凭证号	摘要	借方										贷方										借或贷	余额									
月	日			千	百	十	万	千	百	十	元	角	分	千	百	十	万	千	百	十	元	角	分		千	百	十	万	千	百	十	元	角	分
11	30		期末余额																					贷		1	0	1	0	9	2	9	0	0

总分类账

78

账户名称：本年利润

14年		凭证号	摘要	借方										贷方										借或贷	余额									
月	日			千	百	十	万	千	百	十	元	角	分	千	百	十	万	千	百	十	元	角	分		千	百	十	万	千	百	十	元	角	分
11	30		期末余额																					贷		1	2	5	0	0	0	0	0	0

总分类账　80

账户名称：利润分配

14年		凭证号	摘要	借方										贷方										借或贷	余额									
月	日			千	百	十	万	千	百	十	元	角	分	千	百	十	万	千	百	十	元	角	分		千	百	十	万	千	百	十	元	角	分
11	30		期末余额																					贷			1	2	6	0	0	0	0	0

总分类账　82

账户名称：生产成本

14年		凭证号	摘要	借方										贷方										借或贷	余额									
月	日			千	百	十	万	千	百	十	元	角	分	千	百	十	万	千	百	十	元	角	分		千	百	十	万	千	百	十	元	角	分
11	30		期末余额																					借			3	2	4	7	6	0	0	0

总分类账 84

账户名称：制造费用

14年		凭证号	摘要	借方										贷方										借或贷	余额									
月	日			千	百	十	万	千	百	十	元	角	分	千	百	十	万	千	百	十	元	角	分		千	百	十	万	千	百	十	元	角	分

总分类账 86

账户名称：主营业务收入

14年		凭证号	摘要	借方										贷方										借或贷	余额									
月	日			千	百	十	万	千	百	十	元	角	分	千	百	十	万	千	百	十	元	角	分		千	百	十	万	千	百	十	元	角	分

总分类账

88

账户名称：其他业务收入

14年		凭证号	摘要	借方										贷方										借或贷	余额									
月	日			千	百	十	万	千	百	十	元	角	分	千	百	十	万	千	百	十	元	角	分		千	百	十	万	千	百	十	元	角	分

总分类账

90

账户名称：投资收益

14年		凭证号	摘要	借方										贷方										借或贷	余额									
月	日			千	百	十	万	千	百	十	元	角	分	千	百	十	万	千	百	十	元	角	分		千	百	十	万	千	百	十	元	角	分

总分类账

92

账户名称：营业外收入

14年		凭证号	摘要	借方										贷方										借或贷	余额									
月	日			千	百	十	万	千	百	十	元	角	分	千	百	十	万	千	百	十	元	角	分		千	百	十	万	千	百	十	元	角	分

总分类账

94

账户名称：主营业务成本

14年		凭证号	摘要	借方										贷方										借或贷	余额									
月	日			千	百	十	万	千	百	十	元	角	分	千	百	十	万	千	百	十	元	角	分		千	百	十	万	千	百	十	元	角	分

总分类账 96

账户名称:其他业务成本

14年		凭证号	摘要	借方										贷方										借或贷	余额									
月	日			千	百	十	万	千	百	十	元	角	分	千	百	十	万	千	百	十	元	角	分		千	百	十	万	千	百	十	元	角	分

总分类账 98

账户名称:营业税金及附加

14年		凭证号	摘要	借方										贷方										借或贷	余额									
月	日			千	百	十	万	千	百	十	元	角	分	千	百	十	万	千	百	十	元	角	分		千	百	十	万	千	百	十	元	角	分

总 分 类 账 100

账户名称：销售费用

14年		凭证号	摘要	借方										贷方										借或贷	余额									
月	日			千	百	十	万	千	百	十	元	角	分	千	百	十	万	千	百	十	元	角	分		千	百	十	万	千	百	十	元	角	分

总 分 类 账 102

账户名称：管理费用

14年		凭证号	摘要	借方										贷方										借或贷	余额									
月	日			千	百	十	万	千	百	十	元	角	分	千	百	十	万	千	百	十	元	角	分		千	百	十	万	千	百	十	元	角	分

总分类账

104

账户名称：财务费用

14年		凭证号	摘要	借方										贷方										借或贷	余额									
月	日			千	百	十	万	千	百	十	元	角	分	千	百	十	万	千	百	十	元	角	分		千	百	十	万	千	百	十	元	角	分

总分类账

106

账户名称：资产减值损失

14年		凭证号	摘要	借方										贷方										借或贷	余额									
月	日			千	百	十	万	千	百	十	元	角	分	千	百	十	万	千	百	十	元	角	分		千	百	十	万	千	百	十	元	角	分

总分类账 108

账户名称：营业外支出

14年		凭证号	摘要	借方										贷方										借或贷	余额									
月	日			千	百	十	万	千	百	十	元	角	分	千	百	十	万	千	百	十	元	角	分		千	百	十	万	千	百	十	元	角	分

总分类账 110

账户名称：所得税费用

14年		凭证号	摘要	借方										贷方										借或贷	余额									
月	日			千	百	十	万	千	百	十	元	角	分	千	百	十	万	千	百	十	元	角	分		千	百	十	万	千	百	十	元	角	分

总分类账

112

账户名称：应付利息

14年		凭证号	摘要	借方										贷方										借或贷	余额									
月	日			千	百	十	万	千	百	十	元	角	分	千	百	十	万	千	百	十	元	角	分		千	百	十	万	千	百	十	元	角	分
11	30		期末余额																					贷				5	0	0	0	0	0	0

总分类账

114

账户名称：

14年		凭证号	摘要	借方										贷方										借或贷	余额									
月	日			千	百	十	万	千	百	十	元	角	分	千	百	十	万	千	百	十	元	角	分		千	百	十	万	千	百	十	元	角	分

现金日记账是按照现金业务发生的先后顺序，逐日逐笔登记的账簿。设置和登记现金日记账，可以了解和掌握企业库存现金每日收支和结存情况，并可及时核对，以保证现金的安全。

现金日记账一般采用订本式账簿，其账页普遍使用“三栏式”格式。

现金日记账由出纳员根据审核无误的有关收付款凭证直接逐日逐笔进行登记。

现金日记账每日必须结出余额；现金收付业务频繁的企业，每收付几笔业务就应结出余额；每月月末必须按规定方法结账，做到日清月结。

出纳员在每日业务终了后，应自行清查账款是否相符。如果发生长款或短期，应及时予以处理。

出纳员在每月业务终了结账后，应将现金日记账与现金总账进行核对。

现金日记账 26

年		凭证号	摘要	对应账户	收入								支出								余额							
月	日				十	万	千	百	十	元	角	分	十	万	千	百	十	元	角	分	十	万	千	百	十	元	角	分

现金日记账

年		凭证号	摘要	对应账户	收入								支出								余额							
月	日				十	万	千	百	十	元	角	分	十	万	千	百	十	元	角	分	十	万	千	百	十	元	角	分

银行存款日记账是用来逐笔记录和反映银行存款收付和结余情况的账簿。设置和登记银行存款日记账,可以加强对银行存款的日常监督和管理,便于同银行对账单进行核对,以保证银行存款的安全。

银行存款日记账一般采用订本式账簿,其账页通常使用“三栏式”格式。

银行存款日记账由出纳员根据审核无误的有关收付款凭证直接逐日逐笔进行登记。

银行存款日记账每日必须结出余额,并定期同银行转来的对账单逐笔进行核对,如果双方账目不符,应及时查明原因并予以更正。

出纳员在每月业务终了后,(1)应将银行存款日记账与银行对账单进行逐笔核对,并编制“银行存款余额调节表”;(2)还应将银行存款日记账与银行存款总账进行核对,以检查银行存款日记账是否正确。

银行存款日记账

67

年		凭证号	摘要	结算凭证		收入									支出									余额								
月	日			种类	号数	百	十	万	千	百	十	元	角	分	百	十	万	千	百	十	元	角	分	百	十	万	千	百	十	元	角	分

银行存款日记账

年		凭证号	摘要	结算凭证		收入									支出									余额								
月	日			种类	号数	百	十	万	千	百	十	元	角	分	百	十	万	千	百	十	元	角	分	百	十	万	千	百	十	元	角	分

银行存款日记账

年		凭证号	摘要	结算凭证		收入									支出									余额								
月	日			种类	号数	百	十	万	千	百	十	元	角	分	百	十	万	千	百	十	元	角	分	百	十	万	千	百	十	元	角	分

银行存款日记账

年		凭证号	摘要	结算凭证		收入									支出									余额								
月	日			种类	号数	百	十	万	千	百	十	元	角	分	百	十	万	千	百	十	元	角	分	百	十	万	千	百	十	元	角	分

银行存款日记账

71

年		凭证号	摘要	结算凭证		收入									支出									余额								
月	日			种类	号数	百	十	万	千	百	十	元	角	分	百	十	万	千	百	十	元	角	分	百	十	万	千	百	十	元	角	分

银行存款日记账

年		凭证号	摘要	结算凭证		收入									支出									余额								
月	日			种类	号数	百	十	万	千	百	十	元	角	分	百	十	万	千	百	十	元	角	分	百	十	万	千	百	十	元	角	分

材料科目：　　　　类别：

编号、名称：

年		记账凭证	发票账单	供应单位	规　格	计量单位	发票数量	实收数量	实际成本				计划成本		材料成本差异	
月	日								发票金额	运杂费	其他	合计	单价	金额	超支	节约

材料科目：　　　　类别：

编号、名称：

年		记账凭证	发票账单	供应单位	规　格	计量单位	发票数量	实收数量	实际成本				计划成本		材料成本差异	
月	日								发票金额	运杂费	其他	合计	单价	金额	超支	节约

材料科目：　　　　类别：

编号、名称：

年		记账凭证	发票账单	供应单位	规格	计量单位	发票数量	实收数量	实际成本				计划成本		材料成本差异	
月	日								发票金额	运杂费	其他	合计	单价	金额	超支	节约

材料科目：　　　　类别：

编号、名称：

年		记账凭证	发票账单	供应单位	规格	计量单位	发票数量	实收数量	实际成本				计划成本		材料成本差异	
月	日								发票金额	运杂费	其他	合计	单价	金额	超支	节约

材料科目：　　　　类别：

编号、名称：

年		记账凭证	发票账单	供应单位	规格	计量单位	发票数量	实收数量	实际成本				计划成本		材料成本差异	
月	日								发票金额	运杂费	其他	合计	单价	金额	超支	节约

材料科目：　　　　类别：

编号、名称：

年		记账凭证	发票账单	供应单位	规格	计量单位	发票数量	实收数量	实际成本				计划成本		材料成本差异	
月	日								发票金额	运杂费	其他	合计	单价	金额	超支	节约

材料科目：　　　　类别：
编号、名称：

年		记账凭证	发票账单	供应单位	规格	计量单位	发票数量	实收数量	实际成本				计划成本		材料成本差异	
月	日								发票金额	运杂费	其他	合计	单价	金额	超支	节约

材料科目：　　　　类别：
编号、名称：

年		记账凭证	发票账单	供应单位	规格	计量单位	发票数量	实收数量	实际成本				计划成本		材料成本差异	
月	日								发票金额	运杂费	其他	合计	单价	金额	超支	节约

原材料明细账

名称及规格：　　　　　　　　　　计划单价：　　　　　　　　　　计量单位：

年		凭证号	摘要	收入										支出										结存									
				数量	金额									数量	金额									数量	金额								
月	日				百	十	万	千	百	十	元	角	分		百	十	万	千	百	十	元	角	分		百	十	万	千	百	十	元	角	分

原材料明细账

名称及规格：　　　　　　　　　　计划单价：　　　　　　　　　　计量单位：

年		凭证号	摘要	收入										支出										结存									
				数量	金额									数量	金额									数量	金额								
月	日				百	十	万	千	百	十	元	角	分		百	十	万	千	百	十	元	角	分		百	十	万	千	百	十	元	角	分

原材料明细账

名称及规格：　　　　计划单价：　　　　计量单位：

年		凭证号	摘要	收入										支出										结存									
				数量	金额									数量	金额									数量	金额								
月	日				百	十	万	千	百	十	元	角	分		百	十	万	千	百	十	元	角	分		百	十	万	千	百	十	元	角	分

原材料明细账

名称及规格：　　　　计划单价：　　　　计量单位：

年		凭证号	摘要	收入										支出										结存									
				数量	金额									数量	金额									数量	金额								
月	日				百	十	万	千	百	十	元	角	分		百	十	万	千	百	十	元	角	分		百	十	万	千	百	十	元	角	分

原材料明细账

名称及规格：　　　　　　计划单价：　　　　　　计量单位：

年		凭证号	摘要	收入										支出										结存									
				数量	金额									数量	金额									数量	金额								
月	日				百	十	万	千	百	十	元	角	分		百	十	万	千	百	十	元	角	分		百	十	万	千	百	十	元	角	分

原材料明细账

名称及规格：　　　　　　计划单价：　　　　　　计量单位：

年		凭证号	摘要	收入										支出										结存									
				数量	金额									数量	金额									数量	金额								
月	日				百	十	万	千	百	十	元	角	分		百	十	万	千	百	十	元	角	分		百	十	万	千	百	十	元	角	分

原材料明细账

名称及规格：　　　　　　　　　　计划单价：　　　　　　　　　　计量单位：

年		凭证号	摘要	收入										支出										结存									
				数量	金额									数量	金额									数量	金额								
月	日				百	十	万	千	百	十	元	角	分		百	十	万	千	百	十	元	角	分		百	十	万	千	百	十	元	角	分

原材料明细账

名称及规格：　　　　　　　　　　计划单价：　　　　　　　　　　计量单位：

年		凭证号	摘要	收入										支出										结存									
				数量	金额									数量	金额									数量	金额								
月	日				百	十	万	千	百	十	元	角	分		百	十	万	千	百	十	元	角	分		百	十	万	千	百	十	元	角	分

原材料明细账

名称及规格：　　　　　　　　　　计划单价：　　　　　　　　　　计量单位：

年		凭证号	摘要	收入										支出										结存									
				数量	金额									数量	金额									数量	金额								
月	日				百	十	万	千	百	十	元	角	分		百	十	万	千	百	十	元	角	分		百	十	万	千	百	十	元	角	分

原材料明细账

名称及规格：　　　　　　　　　　计划单价：　　　　　　　　　　计量单位：

年		凭证号	摘要	收入										支出										结存									
				数量	金额									数量	金额									数量	金额								
月	日				百	十	万	千	百	十	元	角	分		百	十	万	千	百	十	元	角	分		百	十	万	千	百	十	元	角	分

原材料明细账

名称及规格：　　　　　　　　计划单价：　　　　　　　　计量单位：

年		凭证号	摘要	收入										支出										结存									
				数量	金额									数量	金额									数量	金额								
月	日				百	十	万	千	百	十	元	角	分		百	十	万	千	百	十	元	角	分		百	十	万	千	百	十	元	角	分

原材料明细账

名称及规格：　　　　　　　　计划单价：　　　　　　　　计量单位：

年		凭证号	摘要	收入										支出										结存									
				数量	金额									数量	金额									数量	金额								
月	日				百	十	万	千	百	十	元	角	分		百	十	万	千	百	十	元	角	分		百	十	万	千	百	十	元	角	分

应交增值

年		凭证号	摘要	借方																							
月	日			合计								进项税额								已交税金							
				十	万	千	百	十	元	角	分	十	万	千	百	十	元	角	分	十	万	千	百	十	元	角	分

税明细账

贷方																																借或贷	余额								
合计								销项税额								出口退税								进项税额转出																	
十	万	千	百	十	元	角	分	十	万	千	百	十	元	角	分	十	万	千	百	十	元	角	分	十	万	千	百	十	元	角	分		百	十	万	千	百	十	元	角	分

应交增值

年		凭证号	摘要	借方																							
				合计								进项税额								已交税金							
月	日			十	万	千	百	十	元	角	分	十	万	千	百	十	元	角	分	十	万	千	百	十	元	角	分

税明细账

贷方																																借或贷	余额								
合计								销项税额								出口退税								进项税额转出																	
十	万	千	百	十	元	角	分	十	万	千	百	十	元	角	分	十	万	千	百	十	元	角	分	十	万	千	百	十	元	角	分		百	十	万	千	百	十	元	角	分

年		凭证号数	摘要	1									2									3									4									5								
月	日			百	十	万	千	百	十	元	角	分	百	十	万	千	百	十	元	角	分	百	十	万	千	百	十	元	角	分	百	十	万	千	百	十	元	角	分	百	十	万	千	百	十	元	角	分

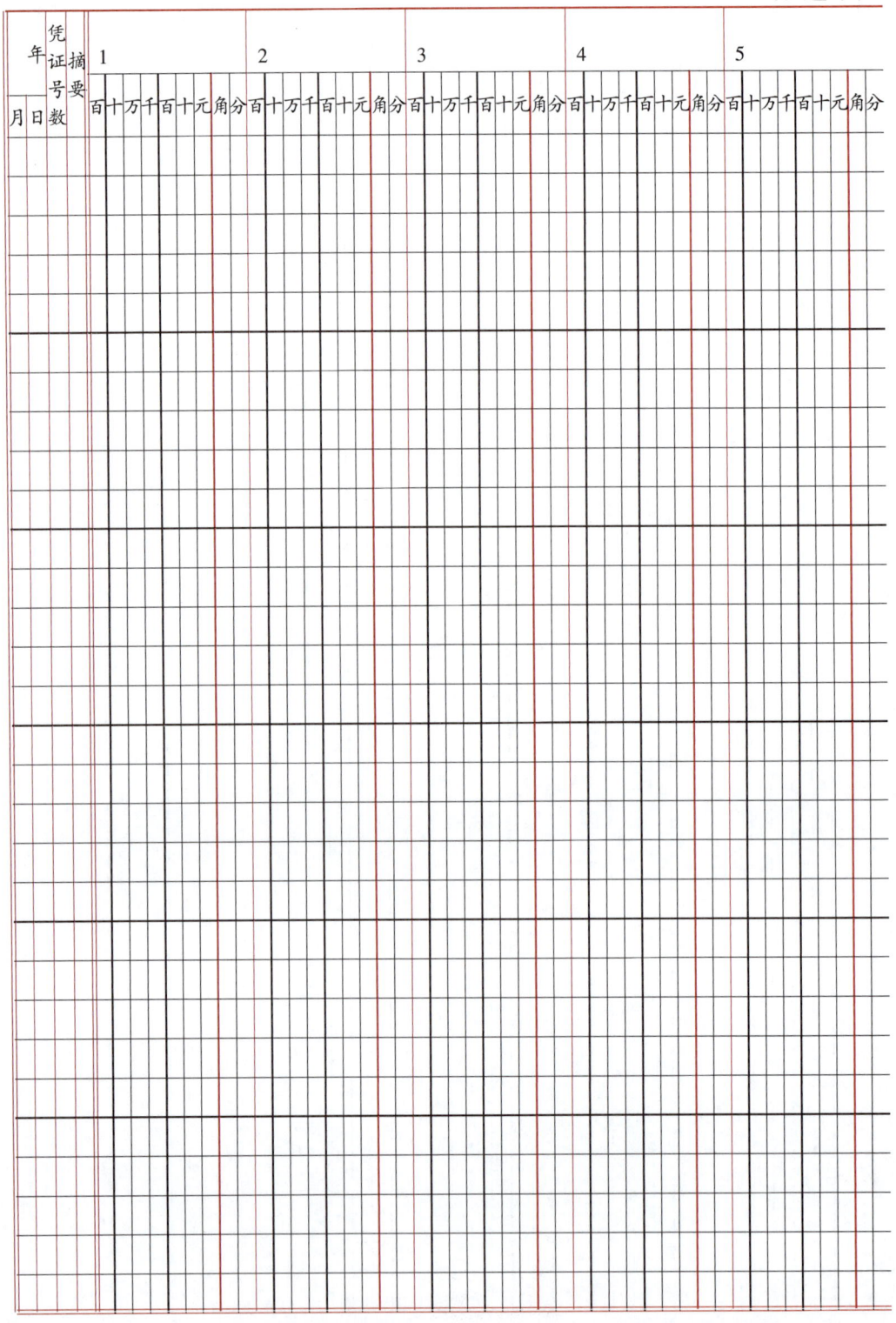

明细账

6									7									8									9									10									11								
百	十	万	千	百	十	元	角	分	百	十	万	千	百	十	元	角	分	百	十	万	千	百	十	元	角	分	百	十	万	千	百	十	元	角	分	百	十	万	千	百	十	元	角	分	百	十	万	千	百	十	元	角	分

年		凭证号数	摘要	1									2									3									4									5								
月	日			百	十	万	千	百	十	元	角	分	百	十	万	千	百	十	元	角	分	百	十	万	千	百	十	元	角	分	百	十	万	千	百	十	元	角	分	百	十	万	千	百	十	元	角	分

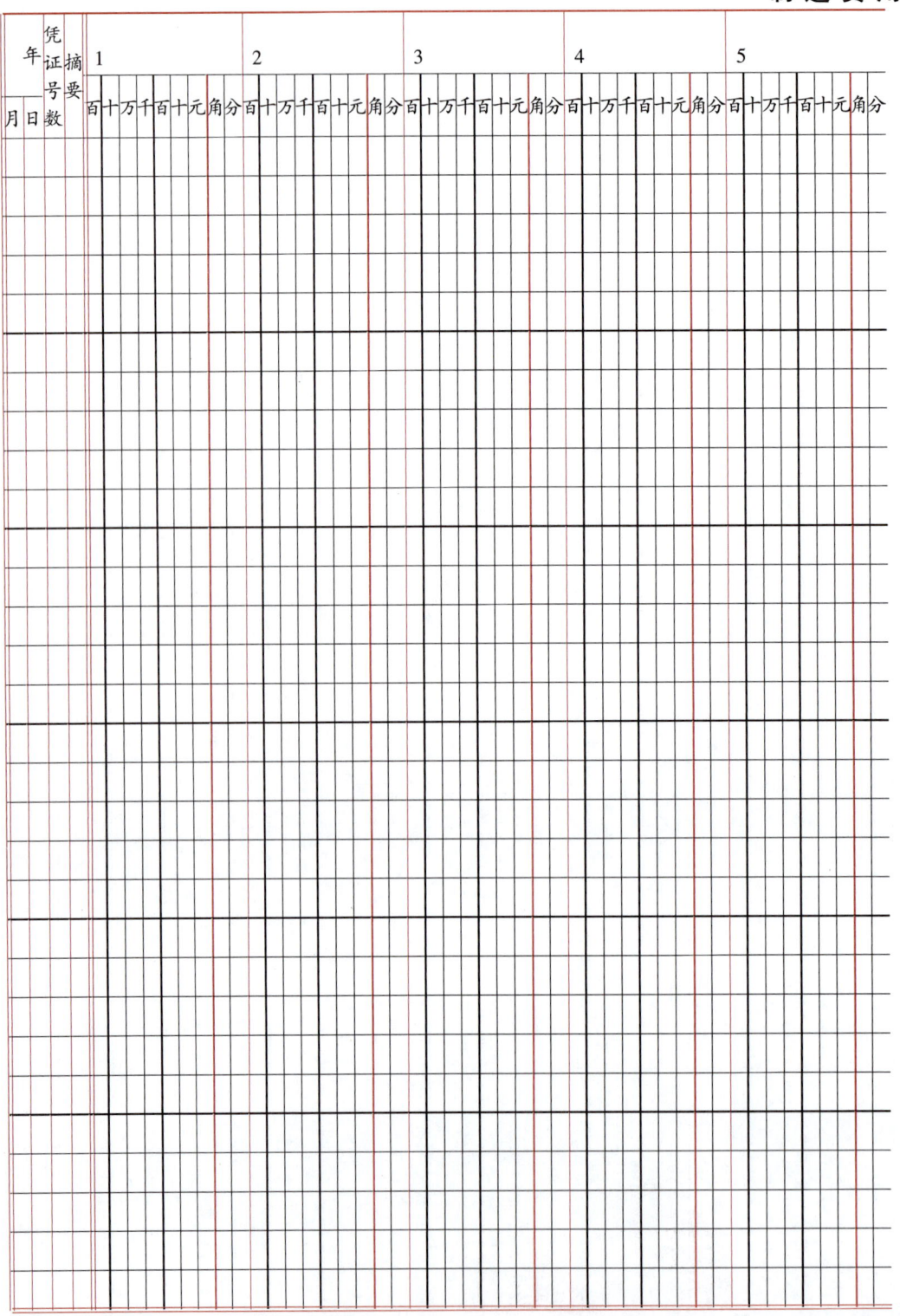

明细账

6									7									8									9									10									11								
百	十	万	千	百	十	元	角	分	百	十	万	千	百	十	元	角	分	百	十	万	千	百	十	元	角	分	百	十	万	千	百	十	元	角	分	百	十	万	千	百	十	元	角	分	百	十	万	千	百	十	元	角	分

年		凭证号数	摘要	1									2									3									4									5								
月	日			百	十	万	千	百	十	元	角	分	百	十	万	千	百	十	元	角	分	百	十	万	千	百	十	元	角	分	百	十	万	千	百	十	元	角	分	百	十	万	千	百	十	元	角	分

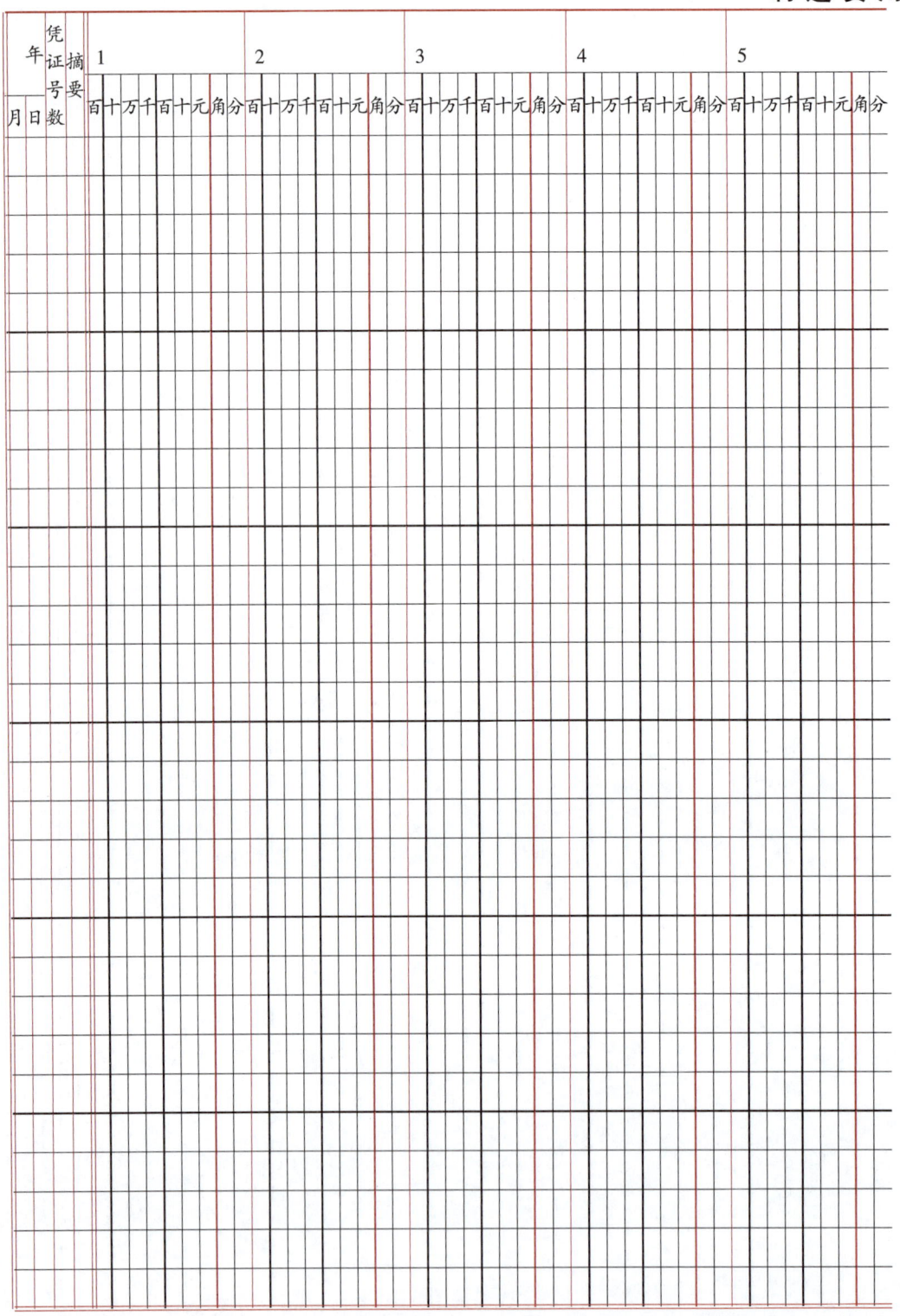

明细账

6									7									8									9									10									11								
百	十	万	千	百	十	元	角	分	百	十	万	千	百	十	元	角	分	百	十	万	千	百	十	元	角	分	百	十	万	千	百	十	元	角	分	百	十	万	千	百	十	元	角	分	百	十	万	千	百	十	元	角	分

年		凭证号数	摘要	1									2									3									4									5								
月	日			百	十	万	千	百	十	元	角	分	百	十	万	千	百	十	元	角	分	百	十	万	千	百	十	元	角	分	百	十	万	千	百	十	元	角	分	百	十	万	千	百	十	元	角	分

明细账

6									7									8									9									10									11								
百	十	万	千	百	十	元	角	分	百	十	万	千	百	十	元	角	分	百	十	万	千	百	十	元	角	分	百	十	万	千	百	十	元	角	分	百	十	万	千	百	十	元	角	分	百	十	万	千	百	十	元	角	分

生产成本明细账

车间：　　　　　　　　产品：　　　　　　　　第　　页

年		凭证号	摘要	成本项目																																				余额								
月	日			直接材料									直接工资									其他直接出									制造费用																	
				百	十	万	千	百	十	元	角	分	百	十	万	千	百	十	元	角	分	百	十	万	千	百	十	元	角	分	百	十	万	千	百	十	元	角	分	百	十	万	千	百	十	元	角	分

生产成本明细账

车间：　　　　　　产品：　　　　　　第　　页

<table>
<tr><th colspan="2">年</th><th rowspan="3">凭证号</th><th rowspan="3">摘要</th><th colspan="36">成本项目</th><th colspan="9" rowspan="2">余额</th></tr>
<tr><th rowspan="2">月</th><th rowspan="2">日</th><th colspan="9">直接材料</th><th colspan="9">直接工资</th><th colspan="9">其他直接出</th><th colspan="9">制造费用</th></tr>
<tr><th>百</th><th>十</th><th>万</th><th>千</th><th>百</th><th>十</th><th>元</th><th>角</th><th>分</th><th>百</th><th>十</th><th>万</th><th>千</th><th>百</th><th>十</th><th>元</th><th>角</th><th>分</th><th>百</th><th>十</th><th>万</th><th>千</th><th>百</th><th>十</th><th>元</th><th>角</th><th>分</th><th>百</th><th>十</th><th>万</th><th>千</th><th>百</th><th>十</th><th>元</th><th>角</th><th>分</th><th>百</th><th>十</th><th>万</th><th>千</th><th>百</th><th>十</th><th>元</th><th>角</th><th>分</th></tr>
</table>

生产成本明细账

车间：　　　　　　　　　　产品：　　　　　　　　　　　　　　　　　　　　第　　页

年		凭证号	摘要	成本项目																																				余额								
月	日			直接材料									直接工资									其他直接出									制造费用																	
				百	十	万	千	百	十	元	角	分	百	十	万	千	百	十	元	角	分	百	十	万	千	百	十	元	角	分	百	十	万	千	百	十	元	角	分	百	十	万	千	百	十	元	角	分

生产成本明细账

车间：　　产品：　　第　　页

年		凭证号	摘要	成本项目																																			余额								
				直接材料									直接工资									其他直接出									制造费用																	
月	日			百	十	万	千	百	十	元	角	分	百	十	万	千	百	十	元	角	分	百	十	万	千	百	十	元	角	分	百	十	万	千	百	十	元	角	分	百	十	万	千	百	十	元	角	分

生产成本明细账

车间：　　　　　　　　　　产品：　　　　　　　　　　第　　页

年		凭证号	摘要	成本项目																																		余额								
月	日			直接材料									直接工资									其他直接出									制造费用																	
				百	十	万	千	百	十	元	角	分	百	十	万	千	百	十	元	角	分	百	十	万	千	百	十	元	角	分	百	十	万	千	百	十	元	角	分	百	十	万	千	百	十	元	角	分

生产成本明细账

车间：　　　　　　　　产品：　　　　　　　　第　　页

年		凭证号	摘要	成本项目																																				余额								
月	日			直接材料									直接工资									其他直接出									制造费用																	
				百	十	万	千	百	十	元	角	分	百	十	万	千	百	十	元	角	分	百	十	万	千	百	十	元	角	分	百	十	万	千	百	十	元	角	分	百	十	万	千	百	十	元	角	分

生产成本明细账

车间：　　　　　　　　　　产品：　　　　　　　　　　第　　页

年		凭证号	摘要	成本项目																																				余额								
月	日			直接材料									直接工资									其他直接出									制造费用																	
				百	十	万	千	百	十	元	角	分	百	十	万	千	百	十	元	角	分	百	十	万	千	百	十	元	角	分	百	十	万	千	百	十	元	角	分	百	十	万	千	百	十	元	角	分

生产成本明细账

车间：　　　　产品：　　　　

年		凭证号	摘要	成本项目																																				余额								
月	日			直接材料									直接工资									其他直接出									制造费用																	
				百	十	万	千	百	十	元	角	分	百	十	万	千	百	十	元	角	分	百	十	万	千	百	十	元	角	分	百	十	万	千	百	十	元	角	分	百	十	万	千	百	十	元	角	分

年		凭证		摘要																																																																					
月	日	种类	号数		百	十	万	千	百	十	元	角	分	百	十	万	千	百	十	元	角	分	百	十	万	千	百	十	元	角	分	百	十	万	千	百	十	元	角	分	百	十	万	千	百	十	元	角	分	百	十	万	千	百	十	元	角	分	百	十	万	千	百	十	元	角	分	百	十	万	千	百	十	元	角	分

年		凭证		摘要																																																																				
月	日	种类	号数		百	十	万	千	百	十	元	角	分	百	十	万	千	百	十	元	角	分	百	十	万	千	百	十	元	角	分	百	十	万	千	百	十	元	角	分	百	十	万	千	百	十	元	角	分	百	十	万	千	百	十	元	角	分	百	十	万	千	百	十	元	角	分	百	十	万	千	百	十	元	角	分

年		凭证		摘要																																																																				
月	日	种类	号数		百	十	万	千	百	十	元	角	分	百	十	万	千	百	十	元	角	分	百	十	万	千	百	十	元	角	分	百	十	万	千	百	十	元	角	分	百	十	万	千	百	十	元	角	分	百	十	万	千	百	十	元	角	分	百	十	万	千	百	十	元	角	分	百	十	万	千	百	十	元	角	分

年		凭证		摘要																																																																					
月	日	种类	号数		百	十	万	千	百	十	元	角	分	百	十	万	千	百	十	元	角	分	百	十	万	千	百	十	元	角	分	百	十	万	千	百	十	元	角	分	百	十	万	千	百	十	元	角	分	百	十	万	千	百	十	元	角	分	百	十	万	千	百	十	元	角	分	百	十	万	千	百	十	元	角	分

资　产　负　债　表

会企01表

编制单位：　　　　　　　　　　　　　　________年________月　　　　　　　　　　　　单位：元

资　　产	期末余额	年初余额	负债和所有者权益（或股东权益）	期末余额	年初余额
流动资产：			流动负债：		
货币资产			短期借款		
交易性金融资产			交易性金融负债		
应收票据			应付票据		
应收账款			应付账款		
预付款项			预收款项		
应收利息			应付职工薪酬		
应收股息			应交税费		
其他应收款			应付利息		
存货			应付股利		
一年内到期的非流动资产			其他应付款		
其他流动资产			一年内到期的非流动负债		
流动资产合计			其他流动负债		
非流动资产：			流动负债合计		
可供出售金融资产			非流动负债：		
持有至到期投资			长期借款		
长期应收款			应付债券		
长期股权投资			长期应付款		
投资性房地产			专项应付款		
固定资产			预计负债		
在建工程			递延所得税负债		
工程物资			其他非流动负债		
固定资产清理			非流动负债合计		
生产性生物资产			负债合计		
油气资产			所有者权益（或股东权益）：		
无形资产			实收资本（或股本）		
开发支出			资本公积		
商誉			减：库存股		
长摊待摊费用			盈余公积		
递延所得税资产			未分配利润		
其他非流动资产			所有者权益（或股东权益）合计		
非流动资产合计					
资产总计			负债和所有者（或股东权益）合计		

企业负责人：　　　　　财会负责人：　　　　　复核：　　　　　制表：

利　润　表

会企 02 表

编制单位：　　　　　　　　　　　　　　＿＿＿＿年＿＿＿＿月　　　　　　　　　　　　　　单位：元

项目	本月金额	本年累计金额	上年累计金额
一、营业收入			
减：营业成本			
营业税金及附加			
销售费用			
管理费用			
财务费用			
资产减值损失			
加：公允价值变动收益（损失以“－”号填列）			
投资收益（损失以“－”号填列）			
其中：对联营企业和合营企业的投资收益			
二、营业利润（亏损以“－”号填列）			
加：营业外收入			
减：营业外支出			
其中：非流动资产处置损失			
三、利润总额（亏损总额以“－”号填列）			
减：所得税费用			
四、净利润（净亏损以“－”号填列）			
五、每股收益：			
（一）基本每股收益			
（二）稀释每股收益			

业务提示

在实际工作中,会计人员是根据审核无误的原始凭证直接填制记账凭证的,不会有这样的“业务提示”。为了帮助同学及时确认每笔会计业务的具体情况,我们将会计模拟的每笔业务做了简要的说明。

需要注意的是:

① 审核内容。一定要仔细审核原始凭证,审核的主要内容有:要确认会计业务的具体情况,要审核原始凭证有无差错,要熟悉不同的会计业务使用哪些不同的原始凭证以及联次等。

② 独立审核。要尝试着独立审核原始凭证,在处理若干笔业务以后再对照“业务提示”检查自己的账务处理是否正确。

③ 仅供参考。“业务提示”给出的日期和业务内容仅供参考,不要直接照抄在记账凭证上。

④ 能否上岗。会计模拟教学的目的就是要培养同学独立上岗工作的能力,你应该自问,以后遇到类似的会计业务你自己能够独立地进行处理吗。

上旬业务:

(1)12 月 2 日,向平阳机床厂销售专有技术,收到技术转让款。

(2)12 月 2 日,向正义律师事务所支付咨询费(原始凭证上的印章已略去,有关购销单位的名称和入账日期可以合理自编,下同)。

(3)12 月 2 日,从正阳文具商店购买制图板。

(4)12 月 2 日,预付城市晚报社明年上半年订报款。

(5)12 月 2 日,职工刘勤报销住院费。

(6)12 月 2 日,从重型机械厂购买万能磨床。

(7)12 月 2 日,销售给普阳市机电公司 B 车床。

(8)12 月 2 日,买入股票。

(9)12 月 2 日,用外埠存款采购圆钢,余款退回(外埠存款可查账户余额)。

(10)12 月 2 日,此笔业务简单,需要仔细审核发票。

(11)12 月 2 日,支付四季度借款利息(前两个月预提利息数可查账户余额)。

(12)12 月 2 日,采用托收承付结算方式向吉林机电公司销售 A 车床(空白的原始凭证由我厂有关人员填写,下同)。

(13)12 月 2 日,从扬州钢铁厂采购圆钢,货款已预付(预付账款数额可查账户余额)。

(14)12 月 2 日,向保险公司支付下年度财产保险费。

(15)12 月 2 日,生产车间领用材料。

(16)12 月 2 日,接受宏达公司捐赠的 2 台刨床。

(17)12 月 2 日,从大连起重机厂购买 1 台起重机,货款已付,起重机投入安装。

(18)12 月 3 日,我厂向开化轴承厂退回所购轴承(注意:增值税专用发票是红字发票)。

(19)12 月 3 日,取得短期借款。
(20)12 月 3 日,收到我厂溢价发行企业债券款。
(21)12 月 4 日,沈阳机电公司退回从我厂所购 B 车床(注意:专用发票是红字发票)。
(22)12 月 4 日,购买办公用品。
(23)12 月 4 日,职工李大海报销医疗费。
(24)12 月 4 日,收到南方机电公司前欠货款。
(25)12 月 5 日,缴纳税金(注意税种)。
(26)12 月 6 日,购买劳动保护用品。
(27)12 月 6 日,采用商业汇票结算方式向大连重型机械厂销售 A 车床。
(28)12 月 6 日,采购润滑油。
(29)12 月 7 日,缴纳增值税。
(30)12 月 7 日,贴现汇票,收到款项。
(31)12 月 7 日,偿还短期借款。
(32)12 月 8 日,确认一笔坏账。
(33)12 月 8 日,采用银行汇票结算方式采购轴承。
(34)12 月 9 日,领用劳保用品。
(35)12 月 9 日,职工赵刚缴纳罚款。
(36)12 月 9 日,偿还抚顺煤矿购煤款。
(37)12 月 10 日,支付普阳市设备大修厂检修费。
(38)12 月 10 日,用预付款支付抚顺煤矿购煤款(预付账款可查账户余额)。
(39)12 月 10 日,收到吉林机电公司前欠货款。
(40)12 月 10 日,将不需用的磨齿机出售给普阳市乡镇企业公司。
(41)12 月 10 日,将产成品仓库出租给机床经销公司,收到第一个月的租金。
(42)12 月 10 日,购买普阳市房屋开发总公司企业债券。
(43)12 月 10 日,购买电冰柜(在本厂属于固定资产)和电烤箱(在本厂属于低值易耗品)。
(44)12 月 10 日,归还银行借款。
(45)12 月 10 日,锅炉报废,进行清理(需要编制几张固定资产清理的记账凭证)。

中旬业务:

(46)12 月 11 日,接受普阳市机床附件厂与我厂联营所投入的万能铣床。
(47)12 月 11 日,采用电汇结算方式偿还前欠上海钢铁厂钢材款。
(48)12 月 12 日,销售给外贸公司 B 车床,支付销售给外贸公司 B 车床的包装费。
(49)12 月 12 日,提取现金,发放工资。
(50)12 月 12 日,现金发生短款,出纳员交款赔偿。
(51)12 月 12 日,销售给沈阳机电公司 A 车床,货款已经预收,多余款退回。
(52)12 月 13 日,补充库存。
(53)12 月 14 日,职工张涛领取半年工资。
(54)12 月 14 日,用现金支付客户用餐费。
(55)12 月 14 日,供销科王强报销差旅费。

(56)12月14日,收到普阳市机床经销公司偿还前欠货款。
(57)12月15日,支付锅炉改造工程尾款。锅炉改造工程完工,交付使用。
(58)12月15日,向普阳市保险公司支付保险费。
(59)12月15日,采购包装木箱。
(60)12月16日,支付B车床技术改进专利费。
(61)12月16日,取得技术改造借款。
(62)12月16日,收到行政科交回的备用金余款。
(63)12月16日,将所收到的行政科交回备用金存入银行。
(64)12月18日,向水务集团支付本月水费。
(65)12月18日,支付电话费。
(66)12月18日,材料验收入库。
(67)12月18日,起重机安装工程完工,交付使用。
(68)12月18日,大型钻床到期报废,进行清理(需要进行固定资产清理核算的系列业务)。
(69)12月18日,领用材料。
(70)12月20日,发现包装箱、六角车床盘亏。
(71)12月20日,摊销待摊费用。
(72)12月20日,摊销无形资产。
(73)12月20日,计提坏账准备。
(74)12月20日,摊销长期借款利息等。
(75)12月20日,盘亏的包装箱、六角车床已查明原因,批准转账。
(76)12月20日,代职工支付房租、托儿费。
(77)12月20日,向融资公司支付设备租赁费。
(78)12月20日,返还普阳市机床经销公司包装物押金。

下旬业务(学生填写):

(79)12月　日,
(80)12月　日,
(81)12月　日,
(82)12月　日,
(83)12月　日,
(84)12月　日,
(85)12月　日,
(86)12月　日,
(87)12月　日,
(88)12月　日,
(89)12月　日,
(90)12月　日,
(91)12月　日,
(92)12月　日,

实训账表目录

会计账簿

会计报表

业务提示

参考文献

1. 朱小平. 跟我学记账[M]. 北京:中国致公出版社,2005.
2. 京郑卿,李拥军. 出纳人员岗位培训手册[M]. 北京:人民邮电出版社,2006.

相关网站

1. 财政部会计准则委员会,http://www.casc.gov.cn
2. 中华会计网校,http://www.chinaacc.com